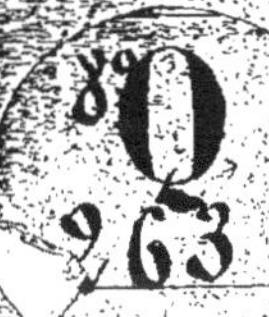

RÉPERTOIRE

DE LA BIBLIOTHÈQUE

DE L'UNION CENTRALE

DES BEAUX-ARTS APPLIQUÉS A L'INDUSTRIE

PLACE DES VOSGES, 3

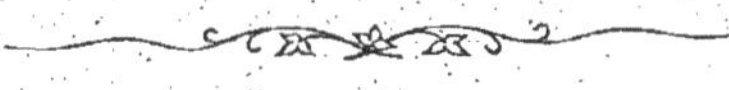

PARIS

LIBRAIRIE DE FIRMIN-DIDOT ET CIE

IMPRIMEURS DE L'INSTITUT, RUE JACOB, 56

1878

RÉPERTOIRE

DE LA BIBLIOTHÈQUE

DE L'UNION CENTRALE

DES BEAUX-ARTS APPLIQUÉS A L'INDUSTRIE

PLACE DES VOSGES, 3

UNION CENTRALE DES BEAUX-ARTS

APPLIQUÉS A L'INDUSTRIE

PLACE DES VOSGES, 3

Bibliothèque et Musée ouverts au public gratuitement, tous les jours, excepté les dimanches et fêtes, de 10 heures du matin à 5 heures de l'après-midi, et le soir, de 7 heures à 10 heures.

Les travailleurs ont la faculté de dessiner et même de décalquer les dessins qui sont mis à leur disposition.

TYPOGRAPHIE FIRMIN-DIDOT. — MESNIL (EURE).

RÉPERTOIRE

DE LA BIBLIOTHÈQUE

DE L'UNION CENTRALE

DES BEAUX-ARTS APPLIQUÉS A L'INDUSTRIE

PLACE DES VOSGES, 3

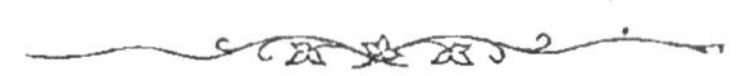

PARIS

LIBRAIRIE DE FIRMIN-DIDOT ET Cie

IMPRIMEURS DE L'INSTITUT, RUE JACOB, 56

1878

RÉPERTOIRE
DE LA BIBLIOTHÈQUE
DE L'UNION CENTRALE
DES BEAUX-ARTS APPLIQUÉS A L'INDUSTRIE
PLACE DES VOSGES, 3

A

Abbaye (l') de Vaux de Cernay, par HERARD. Brochure.
— architecture de (l') de Saint-Étienne du Mont, par BOUET. 1 vol.
— description de (l') du Mont-Saint-Michel, par CORROYER. 1 vol.

Académie (l'), publication espagnole (Academia). Liv.
— de peinture, sculpture, architecture, par DESEINE. 1 vol.
— de peinture, par DE MONTAIGLON. 2 vol.
— procès-verbaux de (l') royale de peinture, sculpture (1648-1792), par DE MONTAIGLON. 1 vol.

Académie (l') royale de peinture et de sculpture, par le BIBLIOPHILE JACOB. 1 vol.

Acier (mémoire sur l'), par PERRET. 1 vol.

Actes d'État civil d'artistes français (détruits dans l'incendie du 24 mai 1871), par HERLUISON. 2 vol.

ADOLPHE LANCE. — Sa vie, ses œuvres, son tombeau. Brochure.

Affaire de la Salette, par SABBATIER. Broch.

Agrandissement successif de la carte de France. Carton.

Agriculture et maisons rustiques, par CHARLES ÉTIENNE. 1 vol.

— (petite), par demande et par réponse, par PAILLE. 1 vol.

Album de l'Exposition rétrospective des beaux-arts à Tours. 1 vol. de photographies.

— gothique (nouvel), par VARIN. Broch.

— de contes de fées (photographies), par FRANCK. 8 vol.

— pratique d'ornements, par OPPERMANN. 4 vol.

— de machines, etc., par PERIN. Carton.

— d'ornements estampés et repoussés, zinc, cuivre, etc., par COUTELIER. 1 vol.

— illustré des expositions françaises et étrangères. 1 vol.

— de tapisserie, par FISCHBACH. Carton.

— du peintre en bâtiment, par Glaise. Carton.

— des Arts et de l'Industrie. 1 vol.

— (l') de la fabrique, par BERGER. 3 vol.

— de plantes et de fleurs, par CHABAL-DUSSURGEY. 2 vol.

Allégorie (de l'), ou traité sur cette matière, par WINKELMANN. 2 vol.
Almanach historique de Seine-et-Marne. 1 vol.
— astronomique du journal *le Ciel*, par VINOT. 1 vol.
— annuaire du bâtiment, par SAGETET. 1 vol.
Alimentation (de l'), détail sur son origine, sa constitution et son usage, par CHURCH. 1 vol.
Alphabet (l') phénicien, par LENORMANT. 1 vol.
— (l') de la mort, par DE MONTAIGLON. 1 vol.
Amateur (l') photographe, par BRIDE. 1 vol.
Ame (l'), poëme, par JANNOT. Brochure.
Ameublement (de l') et la décoration intérieure de nos appartements, par GUICHARD. Brochure.
— (Dessins d'), par PRIGNOT. Carte.
— gothique, par PUGIN. 1 vol.
— Louis XVI. Architecture, par PFNOR. 1 vol.
— (Moniteur de l'), par SAGUINETTI. 1 vol.
Amours (Suite d'), d'après les maîtres. PEQUEGNOT. 1 vol.
— (les) de Psyché et Cupidon, par APULÉE. 1 vol.
Amoureux (les) de Mme Sévigné, par BABOU. 1 vol.
Analyse architecturale de l'abbaye de Saint-Étienne de Caen, par BOUET. 1 vol.
Anatomie du gladiateur combattant, par SALVAGE. 1 vol.
— artistique élémentaire du corps humain, par FAU. 1 vol.

Anatomie et proportion du corps humain, par LÉVEILLÉ. 2 feuilles.
— Les proportions du corps humain, par GÉRARD. 1 vol.
Anatomiques (tableaux), par DE CORTONE. Carton.
Ancien Paris. 1 vol.
Anciens (Temples), par HUET. 1 vol.
Anciennes tapisseries historiées. 1 vol.
Andelys (les), par ADELINE. Brochure.
Anecdotes des beaux-arts. 1 vol.
— historiques sur la médecine et la chirurgie, par SUE. 1 vol.
— (les) de Florence, par VARILLAS. 1 vol.
Annales de l'École française des Beaux-Arts. Livr.
— de la Société d'architecture de Lyon. 1 vol.
— du musée de l'école moderne des Beaux-Arts. Livr.
— de l'ornement, par BILLORDEAU. 1 vol.
— des choses les plus mémorables du règne d'Henri VIII, par LOIGNY. 1 vol.
— du Musée, par LANDON. 36 brochures.
— du Bibliophile, par LACOUR. 1 vol.
— du travail, par SIX. Brochure.
— du Sauvetage maritime. Brochure.
— de l'exposition du Havre, par BIBEGRE. Brochure.
Annuaire des lettres, des Arts et des Théâtres. 1 vol.
— des chambres syndicales. 1 vol.
— statistique de Seine-et-Marne. 1 vol.
— des Sociétés savantes de France. Brochure.

Annuaire de l'Institut des provinces, 1860. 1 vol.
— général du département de la Seine, par LACOUR. 1 vol.
— de l'Association des artistes peintres, par TAYLOR (baron). Livr.
— du département du Jura, par GAUTHIER, 1 vol.
— de l'enseignement des études grecques en France. Brochure.
— de l'Instruction publique, 1875. 1 vol.

Antichi marmi Comensi, par ALDINI. 1 vol.

Antiker Thongefasse, chasubles, vases, ornements religieux. 4 vol.

Antiquité (l') expliquée, par MONTFAUCON.

Antiquités des Pays-Bas, XIIIe et XIVe siècle, par VAN DER KELLEN. 1 vol.
— Chypriotes, par DE CESNOLA. Brochure.
— de la France, par DE LASTEYRIE. Brochure.
— du midi de la France, par GRANGENT-DURAND. 1 vol.
— nationales ou recueils de monuments, en 1792, par MILLIN. 5 vol.
— de la ville de Lyon, par P. D. C. J. 2 vol.
— romaines, par PIRANESI. 6 vol.
— d'Albane et Château-Gandolphe. 1 vol.
— de Pompeïa, par PIRANESI. 2 vol.

Aperçu sur les progrès de la typographie, par DUPRAT. Brochure.

Appareils spéciaux d'industrie, par BOUILLON et MULLER. 1 vol.

Appareils d'éclairage au gaz, par GOELZER. 1 vol.
Appartements de l'Impératrice, par LEFUEL. 1 vol.
Appel aux artistes français. Brochure.
— aux artistes, par CLÉMENT DE RIS. Brochure.
Apothéose (l') de M. Ingres, par SILVESTRE. Brochure.
Aquarelles, miniatures, perspectives, par SAINT-VICTOR. 1 vol.
Arabe (architecture). 1 vol.
— (l'art), texte. 1 vol.
— (l'art), planches, par PRISSE DAVESNE. Carton.
Archæological Bristish Society of Rome. Brochure.
Archéologie, par CHAMPOLLION-FIGEAC. Brochure.
— l'École (d') de France à Rome, par LOUVRIER DE LAJOLAIS. Brochure.
Archéologiques (Études) sur le moyen âge, par DARCEL. Brochure.
— voyage pittoresque en Russie, par DEMIDOFF. 1 vol.
— du département de l'Aube, par DARBOIS DE JUBAINVILLE. 1 vol.
— (Abécédaire) architecture civile et militaire, par DE CAUMONT. 1 vol.
— (Revue) de la Haute-Vienne, par l'abbé ARBELLOT. 1 vol.
— (vocabulaire) français-anglais, par BERTY. Brochure.
— (répertoire) de la France, par l'abbé COCHET. 1 vol.

Archéologique (répertoire) du département du Tarn, par CROZES. 1 vol.

— (recherches) sur les abbayes de Paris, par HERARD. Brochure.

— (répertoire) du département de l'Yonne, par QUANTIN. 1 vol.

— (répertoire) du département du Morbihan, par ROSENZWEIG. 1 vol.

— Revue. Brochure.

— (répertoire) du département de la Loire, par WOILLEZ. 1 vol.

— appliquée aux arts industriels, par BRAQUEHAYE. 1 vol.

— (Notice) sur les tentures et tapisserie de la cathédrale d'Angers, par DE FARCY. Brochure.

— (Itinéraire) de Paris, par GUILHERMY. 1 vol.

Architectes (gazette des). Brochure.

— Rapport du Jury des récompenses (d'), par LUCAS. Brochure.

— (le Moniteur des), par NORMAND. Carton.

— (Société des). Brochure.

— (Société centrale des), annales 1874. 1 vol.

— — Bulletin mensuel. Brochure.

— — Annuaire. Broch.

— (Société des) du département du Nord. Livr.

— (Journal des) (*anglais*). Brochure.

Architecte (le Propriétaire), par VITRY. 1 vol.
— (Congrès des)... français. Brochure.
— (Recueil historique de la vie et des ouvrages des plus célèbres), par FÉLIBIEN. 1 vol.
Architecture (Génie de l'), par CAUSSIN. 1 vol.
— (l') et l'Industrie, par COUDER. Brochure.
— (École rurale d'), par COINTERAUX. 2 vol.
— (Nouveau Traité de toute l'), par CORDEMOY. 1 vol.
— privée au XIXe siècle. Hôtels privés, par CÉSAR DALY. 1 vol.
— privée au XIXe siècle. Maisons à loyer, par CÉSAR DALY. 1 vol.
— privée au XIXe siècle. Villas suburbaines, par CÉSAR DALY. 1 vol.
— funéraire et contemporaine, par CÉSAR DALY. 1 vol.
— (Revue générale d'), par CÉSAR DALY. 25 v.
— (Revue générale d'), suite, par CÉSAR DALY. 5 vol.
— (Revue générale d'), table générale de 1 à 30, par CÉSAR DALY. 1 vol.
— (Revue générale d'), 4e série, par CÉSAR DALY. 3 vol.
— (Mémoire sur la dénomination de l'), par ÉMERIC DAVID. Brochure.
— de Vignolle, par DAVILER. 1 vol.
— Nouveau traité des cinq ordres, par DESTOURNELLE. 1 vol.

Architecture (l') des Cinq ordres, par DIETERLIN. 1 vol.
— (Règles des Cinq ordres d'), Vignole, par DELAGARDETTE. 1 vol.
— (Précis des leçons d'), par DURAND. 2 vol.
— au XIXe siècle (les), par ESPARBIÉ. Brochure.
— (Exemple d'). 1 vol.
— (les Principes de l'), de la sculpture, etc., par FÉLIBIEN. 1 vol.
— civiles et militaires, par DE FONTENELLE. Carte.
— (Cabinet des singularités d'), par le c^te^ DE FLORENTE. 3 vol.
— (La Stéréotomie appliquée à), par FREZIER. 2 vol.
— Ameublement Louis XVI, par PFNOR. 1 vol.
— Louis XIII, par BARBET. 1 vol.
— Annales de la Société (d') de Lyon, 1 vol.
— (Règles des cinq ordres d'), par BAROZZIO. 1 vol.
— pratique, par BULLET. 1 vol.
— en France, par CHATEAU. 1 vol.
— arabe, par COSTE. 1 vol.
— (Mémoire critique d'), par FRÉMIN, 1 vol.
— (Encyclopédie d'), par GALLIAT DE LANCE. 12 vol.
— anglaise, par GIBBS. 1 vol.
— (Quels ont été les progrès de l'), par HUET. Brochure.

Architecture (Croquis d'), grand format : INTIME CLUB. 2 vol.

— (Croquis d'). INTIME CLUB. Brochure.

— Alhambra, plan, élévation, par JONES-OVEN. 2 vol.

— (Harmonie de l') nouvelle, par LAGOUT. Brochure.

(de l') contemporaine, par LAVIRON. Br.

— (Observations sur l'), par l'abbé LANGIER. 1 vol.

— monastique, par LENOIR. 2 vol.

— (Traité d'), par LE CLERC. 2 vol.

— Gruner's terra Cotta, par LOSE. 1 vol.

— Rapport du Jury (d') privée 1875, par LUCAS. Brochure.

— (Études d'ombres à l'usage des écoles d'), par L'ÉVEILLÉ. 1 vol.

— Considérations sur l'arc, par MORANDIÈRE. 1 vol.

— et peinture en Europe depuis le IVe siècle jusqu'à la fin du XVIe, par MICHIELS. 1 vol.

— et décoration turques, par PARVILLÉE. 1 vol.

— en 1570, par PALADIO. 1 vol.

— (parallèle de l') antique, par PALADIO. Brochure.

— (Traité d') rurale, par PERTHUIS. 1 vol.

— égyptienne considérée et comparée, par QUATREMÈRE DE QUINCY. 1 vol.

Architecture (Études sur les monuments d') des Croisés en Syrie, par REY. 1 vol.

— (Vignole centésimal, ou les règles des Cinq ordres d'), par RENARD. 1 vol.

— romaine du midi de la France, par REVOIL. 3 vol.

— Art architectural en France, par ROUYER. 2 vol.

— (Matériaux et documents d'), par RAGUENET. 1 vol.

— française des bâtiments particuliers, par SAVOT. 1 vol.

— byzantine, par TEXIER. 1 vol.

— (Traité d'), par TOUSSAINT. 2 vol.

— (le Théâtre et l'), par TRELAT. 1 vol.

— (Dictionnaire de l'), par VIOLLET LE DUC. 10 vol.

— (Entretiens sur l'), texte, par VIOLLET LE DUC. 2 vol.

— — atlas, par VIOLLET LE DUC. 1 vol.

— (Ce que réclame au XIXe siècle l'enseignement de l'), par VIOLLET LE DUC. Brochure.

— — par VITRUVE. 1 vol.

— des anciens, par VIEL DE SAINT-MAUR. 1 vol.

— (Traité d'), par VITRUVE. 1 vol.

— des anciens, par WINCKELMANN. 1 vol.

— (Histoire d') classique, par VITET. 1 vol.

Architecture étrusque, Romaine et Grecque, par PIRANESI. 1 vol.
— Considérations morales sur la destination des ouvrages d'art, par QUATREMÈRE DE QUINCY. 1 vol.
— Lettres sur l'enlèvement des ouvrages de l'art antique, par QUATREMÈRE DE QUINCY. 1 vol.
— pratique, par BULLET. 1 vol.
— Les plus excellents bâtiments de France, par DUCERCEAU. 1 vol.
— Œuvres de P. Contant d'Ivry. 1 vol.
Archives de la France, pendant la Révolution. 1 vol.
— de la commission scientifique du Mexique. Livraison.
— (les) de la France, par LABORDE, 1 vol.
— de l'art français de 1852 à 1860. 13 vol.
Arènes (les) de Paris. Brochure.
Armes, bijoux, orfévreries, bronzes, par LIÈVRE. Carton.
— Collection des principales pièces d'armes de la galerie de Madrid, par JUBINAL. 1 vol.
— et armures (*anglais*). Brochure.
— et fragments d'armes, par FRANCK. 3 vol.
— casques, cuirasses, etc., par FRANCK. 1 vol.
— (cabinet d') de l'Empereur, musée rétrospectif. 1 vol.
Art (l'), revue. 7 vol.
— (l') décoratif, 1 vol.
— (l') pour tous (1re série). 17 vol.
— (l') pour tous (2me série). 7 vol.

Art (l') contemporain, par ARNOUX. Brochure.
— (l') du beau, par LAMENNAIS. 1 vol.
— (les) arabes, par BOURGOIN. 1 vol.
— (l') japonais, par CHESNEAU. Brochure.
— (l') arabe, par PRISSE D'AVESNE. 3 vol.
— (l') égyptien, par PRISSE D'AVESNE. 2 vol.
— (l') décoratif, par UMÉ, 1 vol.
— (l') monétaire, par PAUL DE LAROCHE. 1 vol.
— (l') ancien (*Photographie*). Carton.
— (l') chrétien, par BOUNIOL. Brochure.
— (de l') chrétien, par LENORMANT. Brochure.
— (les) dans l'Industrie, par LENORMANT. Brochure.
— (l') de la parure, par CHARLES BLANC. 1 vol.
— (l') et les Artistes modernes, par CHESNEAU. 2 vol.
— (les) qui parlent aux yeux et des arts du tapissier des Gobelins, par CHEVREUIL. 1 vol.
— (l') appliqué à l'industrie, par GUILLAUMOT. 1 vol.
— (l') en province, Exposition artistique de Limoges, par GRANGES. 1 vol.
— antique, architecture, sculpture, peinture, par MENART. 1 vol.
— (de) de voir dans les beaux-arts, par MÉLIŻIA. 2 ex.
— (l') devant la Papauté, par MOURGUES. 1 vol.
— (l') journal anglais. 1 vol.
— (les) au moyen âge et à la renaissance, par PAUL LACROIX. 1 vol.
— (les) au moyen âge, par PILLET. 1 vol.
— (l') et les artistes français, par PICHAT-LAURANT. 1 vol.

Art (l') de la critique en France, par PETROZ. 1 vol.
— (de l') chrétien, par RIO. 4 vol.
— (l') les Artistes en Angleterre, par SILVESTRE. 1 vol.
— et Métiers, modèles d'orfévrerie, par SOYER. 1 vol.
— modern, anglais (art moderne). 1 vol.
— (Objets d'), musée de Kensington (anglais), 2 Cartons.
— (Amis des) à Lyon ; rapport, par PETIT. Broch.
— (Étude sur l'), par PFAU. 1 vol.
— (Histoire de l'), par ROCHETTE. 1 vol.
— (l'État des) en Angleterre, par ROUQUET. 1 vol.
— (Poétique des), par SOBRY. 1 vol.
— (Étude sur l'histoire de l'), par VITET. 4 vol.
— (Histoire de l') chez les anciens, par WINKELMANN (de). 2 vol.
— — traduit de l'allemand. 2 vol.
— (Fondation d'un Palais des), par BERGER. Broch.
— (Mission morale de l'), par BOULAND. 1 vol.
— (Reproduction d'objets d') anglais. Catalogue. 1 vol.
— (Objets d'). Collection San-Donato. 1 vol.
— (Essai sur la dignité des), par CHAUSSARD. Broch.
— (Les Nations rivales dans l'), par CHESNEAU. 2 vol.
— Étrennes de 1868, maison Firmin-Didot. Broch.
— (Moniteur des), par FILLONNEAU. Liv.
— (A travers les), par GARNIER. 1 vol.
— (Idée générale de l'), par GUILLAUME. 1 vol.
— (Origine et progrès de l'), par JEANRON. 1 vol.
— (Journal des). Liv.
— (Collection d'œuvres d'), par LIÈVRE. 1 vol.

Art (Meubles d'): Carton.
— (Les Trésors de l') à Manchester, par CHARLES BLANC. 1 vol.
— (l') italien, par DUMESNIL. 1 vol.
— (l') de peindre (École d'Uranie), par MAFFRAY (l'abbé). 1 vol.
— (de l') de la peinture, par JEANRON. Broch.
— (l') de la peinture, par RABANY. 1 vol.
— (l') et l'Industrie, par ECK. 1 vol.
— (l') Industriel en 1863, par CARDON. Brochure.
— (l') des Jardins, par CHOULOT C°. 2 vol.
— (l') de préparer les chlorures de chaux, par CHEVALLIER, 1 vol.
— (Application des) à l'industrie, par LABORDE (de). 1 vol.
— (l') Industrie à l'Exposition 1867, par LUCHET. 1 vol.
— militaire ancien, par VÉGÉTU. 1 vol.
— d'étudier avec fruit, par GRANDSAGNE. Broch.
— de la photographie, par DISDÉRI. 1 vol.
— Industriel, par DOGNÉ. 1 vol.
— (l') Industriel (anglais). 1 vol.
— de la Verrerie. 1 vol.
— (l') industriel, par FOUCHÈRE. 1 vol.
— (l') de peindre, par WATELET. 2 vol.
— (l') dans les résidences impériales, par CHESNEAU. 1 vol.
— de bâtir, par RONDELET. planches. 2 vol.
texte. 7 vol.
— (l'Alliance de l') et de l'industrie, par ALVIN. 1 vol.

Art (l') de préparer les plantes, par ELOFFE. Broch.
— (l') du dessin chez les Grecs, par BRUNEL DE VARENNE. 1 vol.
— (l') de laver, ou nouvelle manière de peindre sur papier, par GAUTIER. 1 vol.
— (l') Industriel et ornemental français au XIXe siècle, par LE ROI DE SAINTE-CROIX. 1 vol.
— (l') funéraire moderne (coupes et élévation), par BOUSSARD. Carte.
— (l') arabe d'après les monuments du Caire depuis le VIIe siècle jusqu'au XVIIIe, par PRISSE D'AVESNES. 1 vol.
— (l') décoratif à l'exp. de 1867, par TOYTOT. 1 vol.
— (Questions d') et de morale, par LAPRADE. 1 vol.
— (l') et l'Industrie. Liv.
Artillerie (Esquisse historique de l') française, par MOLTZHEIM. 1 vol.
— (Notice sur les collections du musée d'). 1 vol.
Artistes appel aux artistes français. Brochure.
— (Manuel des jeunes), par BOUVIER. 1 vol.
— (Appel aux), par CLÉMENT DE RIS. Broch.
— (les) français à l'étranger, 1852, par DUSSIEUX. 1 vol. 1856. 1 vol.
— anciens et modernes, par DAVID EMERIC. 1 vol.
— (Galerie des) anglais, par HAMILTON. 1 vol.
— (Itinéraire de l') dans les églises de Paris. Brochure.
— (la Tribune des), journal, par JACQUEMART. 1 v.
— (Journal des) et des amateurs. Liv.
— (Journal des), revue pittoresque. Liv.

Artistes (Journal des) (4e année). 2 vol.
— (les) normands au salon, 1874-75, par LIESVILLE. 2 vol.
— (Portraits d'), par PLANCHE. 2 vol.
— (les), les Expositions, le Jury, par SECQ. Brochure.
— (Histoire des) vivants, par SILVESTRE. 1 vol.
— (Table des) ayant exposé au salon au XVIIIe siècle, par GUIFFREY. 1 vol.
— (Traité de géométrie à l'usage des), par LECLERC. 1 vol.
— (Recherches sur la vie et les ouvrages de quelques), par CHARVET. 1 vol.
— anciens et modernes, par CH. CLÉMENT. 1 vol.
— (Histoire des) vivants, français, par SILVESTRE. 1 vol.
— (liste des) récompensés, vivant en 1874. 1 vol.
Atlas d'histoire et de géographie, par BOUILLET. 1 vol.
— historique de la France, par RIZZI ZANNONI. 1 vol.
de la statistique médico-chirurgicale, par CHENU. 1 vol.
Asile protestant de Sedan. Brochure.
— (les) de la force, par BOST. 1 vol.
Assainissement et embellissement de Paris, par HOREAU. Brochure.
— et Embellissement de la Tamise, par HOREAU. Brochure.
Assassins (les) de la Syrie, par ZIZARDINI. Brochure.
Association amicale des anciens élèves de Sainte-Barbe. Brochure.

Association et chambres syndicales ouvrières, par PAULIAT. Brochure.
— (des) ouvrières, par DE LASTEYRIE. Broch.
— française pour l'avancement des sciences. 1 vol.
Assyrie (Ninive et l'), par VICTOR PLACE. 3 vol.
Avenir (l') du Caire, par HOREAU. Brochure.

B

Baccalauréat ès lettres (nouveau manuel méthodique des aspirants au), par LEFRANC. 1 vol.
Baisers de Jean Second, par Mme VIEN. 1 vol.
Banquets (15e et 16e) des anciens élèves de l'école de Sorèze. Brochure.
— (Second) — 1 vol.
Bas-reliefs et ornements, par PAUL DE LA ROCHE. 2 vol.
— Mémoire (sur les) de Notre-Dame de Paris, par FAURIS DE SAINT-VINCENT. Broch.
— (un) de min° de Frésole, par COURAJOD. Brochure.
— (Considération sur les principes de l'histoire des), par GUILLAUME. 1 vol.
Basilique ulpienne, par LESUEUR. 1 vol.
Beau (le) dans l'utile (Histoire de l'Union centrale). 1 vol.
— (le) et son histoire, par GAUCKLER. 1 vol.
— (le), par LENORMANT. Brochure.
- Essai sur le beau, par ANDRÉ. 1 vol.

Beaux-arts (Voyage à travers l'exposition des), par ABOUT. 1 vol.

— (Anecdotes des). 1 vol.

— (Réorganisation de l'école des), par DE BAUDOT. Brochure.

— (Mémoire sur les) appliqués à l'industrie, par BREVIÈRE. 1 vol.

— (Cercle des). Statuts. Brochure.

— (le Décret du 13 novembre et l'Académie des), par CHESNEAU. 1 vol.

— (l'Académie des), par CHESNEAU. 1 vol.

— (de l'Enseignement des), par Charvet. 1 vol.

— (Rapport sur les), par COTTIER, Brochure.

— (Distribution des prix à l'exposition des), 1864, par COURTOIS. Brochure.

— (Distribution des prix à l'École gratuite des), appliqués à l'industrie. Brochure.

— (Périclès et l'influence des), par D'ALBERY. 1 vol.

— (les), par DELESCLUSE. 1 vol.

— (l'hémicycle du Palais des), par DELAROCHE (PAUL). Brochure.

— (du Dessin dans l'industrie par les), par DUVAL. 2 vol.

— (Exposit. des académies et écoles des). 7 ex.

— (École nationale et spéciale des). Règlement et étude. Brochure.

— — Rapport. Broch.

— (la Réforme de l'école des), par UN ÉLÈVE. Brochure.

Beaux-arts (Fondation du Collége des) appliqués à l'industrie. 5 feuilles.
— (Gazette des) de 1859 à 1874. 37 vol.
— (Gazette des) de 1875 à 1877. Liv.
— (les) à l'exposition universelle 1855, par GABAUER. 1 vol.
— (Études sur les), par GUIZOT. 1 vol.
— (Idée générale d'un enseignement élémentaire des), par GUILLAUME. Brochure.
— (Journal des) et de la littérature. Liv.
— (Journal spécial des lettres et des). Liv.
— (Études sur la réorganisation des), par LAZERGES. Brochure.
— (École gratuite des) (à Limoges), par LAFOND. Brochure.
— en voyage, par LENORMANT. 2 vol.
Beaux-arts, par LENORMANT. Brochure.
— (Rapport à l'Académie des), par LOUVAIN.
— Brochure.
— (L'Esprit des). 2 vol.
— réduits à un même principe. 1 vol.
— (De l'Avenir financier des expositions des),
— par MARET LE RICHE. 1 vol.
— (Tableau des), par MENARD. 1 vol.
— (De l'Art de voir dans les), par MILIZIA. 2 ex.
— (les) en Angleterre, par MILLIN. 2 vol.
— (Exposition des) à Toulouse 1864, par NOULENS. Brochure.
— (de l'Intime relation des) et de l'art industriel, par REIGNER. Brochure.

Beaux-arts (Discours d'ouverture à l'École des), par ROCHET. Brochure.
— (Règlement de l'École des). Brochure.
— (Règlement général de la Société des), à Nantes. Brochure.
— (Philosophie des), par SUTTER. 1 vol.
— (Société libre des). Brochure.
— (de l'Influence de l'industrie sur les), par VAN DEN BOORN. 1 vol.
— (Notice sur l'école des) à Toulouse, par VITRY. Brochure.
— (Intervention de l'État dans l'enseignement des), par VIOLLET LE DUC. 1 vol.
— (Bibliographie des), par VINET. 1 vol.
— (Distribution des prix à l'École des), à Marseille. Brochure.
Beautés de l'histoire de l'Inde, par GIRAUD. 2 vol.
Belles actions des enfants, par AMIOT. Brochure.
— inventions françaises (ponts), par GUYOT. Broch.
Bernard de Palissy, Étude sur sa vie et ses travaux, par ANDIAT. 1 vol.
Bhagavatapurana, par BURNOUF. 3 vol.
Bible sacrée. 1 vol.
— (la) (édition hollandaise), par BASNAGE. 1 vol.
— (la sainte), par MAISTRE DE SACY. 1 vol.
Bibliographie de la France (Étrennes 1876). 1 vol.
— des beaux-arts, par VINET. 1 vol.
Bibliophile (le) français. Brochure.
— (le) Bulletin, par TECHENER. 7 brochures.
Bibliothèque de poche. 1 vol.

Bibliothèque byzantine, photographies objets antiques, par MARCUS. vol.

Bijouterie (Éléments de) et joaillerie, par SCHLODHAUER. 1 vol.

— orfévrerie, armes, bronzes, par LIEVRE. Carton.

— (Traité spécial à la), par MOREAU. Brochure.

— (Recueil d'ornement de), par GOESSEN. Broch.

— (Photographie de dessin de) italienne, par CASTELLIANI. Brochure.

Bijoux divers, par FONTENAY. Carton.

Biographie et Catalogue de l'œuvre de Miger, par BELLIER DE LA CHAVIGNERIE. 1 vol.

— universelle, par MICHAUD. 45 vol.

— des grands inventeurs (sciences, arts industriels), par BEAUFRAND. 1 vol.

— du général Thiard, par JEANDET. Brochure.

— du général Travot, par JEANNIN. 1 vol.

Blason ou art héraldique, par CORNE. 1 vol.

— Atlas d'histoire et de géographie, par BOUILLET. 1 vol.

— Lettres, chiffres et armes, par SILVESTRE. 1 vol.

— Les grandes armoiries du duc de Bourgogne, par ALVIN. 1 vol.

Bois sculptés (photographie), par FRANC. 1 vol.

Brevet de priorité (projet de loi). Brochure.

— d'invention. Congrès de l'exposition de Vienne 1873, par THIRION. 1 vol.

Brochure sans titre.

Broderies (modèles de) allemandes. 1 vol.

— (modèles de) diverses. Carton.

Broderies dentelles, guipures du VIe siècle, par COCHERIS. 1 vol.

— (l'Exposition des) à Londres, par BIAIS. Brochure.

— (Dessins photographiés de), par DEVILLE. 1 vol.

Bronzes, par FRANC. 1 vol.

— cuivre et fer (anglais). Brochure.

— (Art de dorer le), par DARCET. 1 vol.

— Dessins de fer, bronze aux XVe et XVIe siècles, par VARIN. 1 vol.

Bulletin de la Société de l'histoire de l'art français, par GUIFFREY. Livr.

— de la Société pour la conservation des monuments historiques d'Alsace. Brochure.

— monumental sur les monuments historiques de France, par CONGNEY. Brochure.

— monumental sur les monuments historiques, par PALUSTRE. Brochure.

— de la Société d'horticulture de Meaux. Broch.

— — d'encouragement pour l'industrie nationale. 20 vol.

— — industrielle de Reims. Broch.

— — industrielle de Rouen. Broch.

— — industrielle de Flers. Brochure.

— — industrielle de Mulhouse. Broch.

— — de protection des apprentis. Brochure.

— — française de photographie. Brochure.

Bulletin de la Société de l'industrie française (journal). Brochure.

— du Comice agricole de l'arrondissement de Narbonne. Brochure.

— mensuels des inventions brevetées, par THIRION. 1 vol.

— de l'instruction primaire. 1 vol.

— de l'Institut national Genevois. 1 vol.

— de la Société protectrice des animaux. Liv.

— des agriculteurs de France. Liv.

— de la Société d'agriculture, des sciences et des arts de Limoges. Brochure.

— mensuel de la Société d'acclimatation. Liv.

— de la Société française de secours aux blessés militaires, par CHENU. Brochure.

— — pour l'encouragement de l'instruction primaire. Brochure.

— du mouvement d'enseignement pour l'initiative privée. Brochure.

— de l'association pour la recherche des meilleures méthodes d'éducation. Brochure.

— de l'union des arts à Marseille. 1 vol.

— du bibliophile et du bibliothécaire, par TECHENER. Liv.

— du bibliophile. 29 brochures.

— des Instituts des provinces de France. 1 vol.

— officiel du ministère de l'instruction publique (italien). Liv.

— de la Société de l'histoire de l'art français de janv. 1875 à... 7 liv.

Bulletin des beaux-arts. Liv.
Buste (Conjecture sur un) en marbre de Beatrix d'Este, par COURAJOD. Brochure.

C

Cabinet de l'amateur. 4 vol.
— des singularités d'architecture, etc., par FLORENT Cte. 3 vol.
Cachemires imprimés, par GONELLE. 2 cartons.
— (Fabrication des) français, par DENEYROUSE. 1 vol.
— (Échantillons de). Carton.
— (Dessins de), par GONELLE. Carton.
— (Échantillons et dessins de), par GONELLE. 2 cartons.
— (Fabrication de) (composition sur papier), par SAJOU. Carton.
— (Dessins de), par BROUTY. 1 vol.
— Traité sur la fabrication du châle des Indes. 1 vol.
Caisse du commerce algérien. Brochure.
— des écoles du VIIIe arrondissement. Brochure.
Camées (catalogue général des camées de la Bibliothèque nationale, par CHABOUILLET. 1 vol.
Cantique des cantiques. 1 vol.
Carré (le) base de toutes les proportions, par FRANTZ LIBARZIK. 1 vol.
Caricature antique, par CHAMPFLEURY. 1 vol.

Caricature (Histoire de la), par WRITYHT. 1 vol.

Carrelages (les) émaillés du moyen âge, par AÉ. 1 vol.

Cartes géographiques du jeune Anacharsis. 1 vol.
— agrandissement successif de la France.
— d'Europe.
— de Bruxelles.
— de Lyon nouveau.
— topographique des environs de Paris.
— de Normandie.
— plan de Marseille.
— plan de Bordeaux.
— du département du Calvados.
— panorama d'Amsterdam.
— de Paris. Napoléon III.
— d'étude pour le tracé du canal Nicaraguai, par GAMOND. 1 vol.
— et plans instantanés, par RAYMOND SIGNOUREL. Brochure.
— des chemins de fer, par SALOMON.
— terres publiques des États-Unis d'Amérique, par WILSON.

Cartouches et caissons de plafonds, par ROCHEBRUNE. Carton.

Castelli et ponti, par ZABAGLIA. 1 vol.

Castes (des) de l'Inde (tragédie du *Paria*), par CASIMIR DELAVIGNE. 1 vol.

Catacombes de Rome, par PERRET. 6 vol.

Catalogue du musée rétrospectif exposition de 1865. 1 vol.

Catalogue du cabinet d'armes de l'empereur. 1 vol.
— de la salle polonaise. 1 vol.
— de reproduction d'objets d'art (anglais). 1 vol.
— général des camées, etc., Bibliothèque nationale, par CHABOUILLET. 1 vol.
— du salon 1876. 1 vol.
— de sujets d'art de production espagnole (anglais). 1 vol.
— de l'art anglais et galerie nationale (anglais). 1 vol.
— de l'exposition spéciale de l'art décoratif à l'aiguille (anglais). 1 vol.
— illustré de reproduction par l'électrotypie (anglais). 1 vol.
— orné d'illustrations d'anciens instruments de musique (anglais). 1 vol.
— de sujets d'art indien (anglais). 1 vol.
— de peintures, miniatures, dessins, gravures (anglais). 1 vol.
— des tableaux du roy, par LÉPICIÉ. 2 vol.
— de l'exposition des éventails (anglais). 1 vol.
— de sujets persans (anglais). 1 vol.
— de sujets chinois (anglais). Brochure.
— descriptif de la dentelle (anglais). 1 vol.
— illustré de coutellerie ancienne (anglais). 1 vol.
— de l'exposition spéciale des émaux sur métal (anglais). 1 vol.

Catalogue allemand de l'exposition de 1876. 2 vol.
— de la section de l'éducation (anglais). 1 vol.
— de livres rares et précieux de sa bibliothèque, par JULES JANIN. 1 vol.
— des brevets d'invention de 1791 à 1829, par CORBIÈRE (Cte). 1 vol.
— allemand exposition 1876. 2 vol.
— (universal) of books in Art. 2 vol.
— raisonné de l'œuvre peint, dessiné et gravé d'Antoine Vatteau, par GONCOURT (de). 1 vol.
— 1re partie éducation et enseignement, par HACHETTE. Brochure.
— des volumes d'estampes dont les planches sont à la bibliothèque du Roi. 1 vol.
— (supplément au) des planches gravées (chalcographie). 1 vol.
— des livres de Goddé. 1 vol.
— d'ornements provenant du cabinet de M. Reynard. 1 vol.
Cathédrale Notre-Dame de Paris (restauration), par VIOLLET LE DUC. 1 vol.
— (Histoire et description de la) de Reims, par TOURNEUR. 1 vol.
— (Monographie de la) de Bourges, par MARTIN ET CAHIER. 2 vol.
— (Recherches sur l'ancienne) d'Alby, par DANRIAC. Brochure.
— (Description de la) de Strasbourg, par MILLER. 1 vol.

Cathédrale (Vitraux de la) de Tournay. 1 vol.
— (Stalles du chœur) d'Auch, par SANCET. 1 vol.
— of Santiago de Compostella, par MESTRE MATEO. 1 vol.
— (Monographie de la) de Chartres. 1 vol.
— (Recherches historiques sur les), par THÉVENOT. Brochure.
— (Notices archéologiques sur les tentures et les tapisseries de la) d'Angers, par DE FAREY. Brochure.
Causerie artistique, par DE LASTEYRIE. 1 vol.
— sur l'art, par BEULÉ. 1 vol.
Causes physiques de la peinture et de la sculpture, par LE BARBIER. Brochure.
Céramique (Rapport sur le musée), par ARDANT. Broch.
— (Art de la) (texte), par BRONGNIART. 2 vol.
— (Art de la) (atlas), par BRONGNIART. 1 vol.
— — par FRANCK. 1 vol.
— (les Merveilles de la), par JACQUEMART. 4 vol.
— (Compte rendu sur la), par POTIER DE RUNGI. 1 vol.
— (Histoire de la), par JACQUEMART. 1 vol.
— (Leçons de), par SALVETAT. 2 vol.
— (Études) (texte), par ZIÉGLER. 1 vol.
— (Études) (atlas), par ZIÉGLER. 1 vol.
— (Recherches sur la), par GRESLON. 1 vol.
— (Compte rendu sur la) par POTIER DE RUNGI. Brochure.
Cercle des beaux-arts (statuts). 2 brochures.

Cercle de l'union artistique 1861. Brochure.
— artistique et littéraire (statuts). Brochure.
Cérémonie d'adoption de Marie-Julie-Saint-André. Brochure.
Chaînes (Les) de l'esclavage moderne, par MOZAROZ. Brochure.
Chaires et autels, par CHOYER (l'abbé). Brochure.
Chalcographie. Catalogue des planches gravées, musée du Louvre. 1 vol.
Châles (Traité sur la fabrication des) des Indes. 1 vol.
Chambre syndicale des tapissiers. Brochure.
Champ de Mars, par PIRANESI. 1 vol.
Chants populaires du pays Castrais, par COMBES. 1 vol.
Charité (la) dans toutes ses phases, par Mme DE BAGNOLS. 1 vol.
Chasse à la Haye, par PEIGNÉ DE LACOURT. 1 vol.
Chasubles de l'ordre de la Toison d'or. 1 vol.
Château de Gaillon (atlas). 1 vol.
— de la vallée de la Loire, par PETIT (VICTOR). 2 vol.
— de Marly-le-Roy, par GUILLAUMOT. 1 vol.
— (Description du) de Coucy, par VIOLLET LE DUC. Brochure.
— (Description du) de Pierrefonds, par VIOLLET LE DUC. Brochure.
— (Monographie du) d'Heidelberg, par PHNOR. 1 vol.
Châteaux (Histoire des) et demeures féodales de l'Europe, par M. B. S. 1 vol.
Châtiment (le) (latin). 1 vol.

Chefs d'école, par CHESNEAU. 1 vol.
Chefs-d'œuvre des arts industriels, par BURTY. 1 vol.
— de peinture des musées d'Italie, par CHESNEAU. 1 vol.
— de l'art antique, par ROBIOU. 7 vol.
— de l'école française, par DUCHESNE. 1 vol.
— d'art industriel, exposition de Londres 1862, par WARING. 1 vol.
Chemins de fer, par GUILLEMIN. 1 vol.
Cheval (Nouveau traité de robes de), par BRIVET. 1 vol.
Chiffres, par RIESTER. 1 vol.
— (Recueil de), par SANIER. 1 vol.
Chimie (Éléments de), par RION. Brochure.
— (Notion de), par BOUTÉS, 1 vol.
Chimiques (Système des connaissances), par FOURCROI. 5 vol.
Chine (la) et les Chinois, par BORGÉ. 1 vol.
— (Mémoire sur la), par DECCAYRAC DE LANTURE. 1 vol.
— (Voyage en) 1653. 1 vol.
— (Dessins). 1 vol.
— Jardins chinois. 1 vol.
— (Catalogue de sujets chinois) (anglais). Brochure.
— (Voyage dans l'intérieur de la) et en Tartarie, par lord MACARTNEY. 5 vol.
Choix de monuments antiques (Musée Napoléon III), par LONGPÉRIER. Carton.
— des plus célèbres maisons de plaisance de Rome, par PERCIER. 2 vol.

Christianisme (de l'État actuel du), par VITET. Broch.
Chromo-lithographie d'objets d'art (anglais). 2 cartons.
Chromolithographie (Notice sur la), par ENGELMANN. Brochure.
— des principaux objets d'art au Museum Kinsengton. 2 vol.
— (Rapport sur la), par ENGELMANN. Brochure.
Chronique des arts. 2 vol.
— de la chapelle de la Reine, par DE LA CHAVIGNERIE. 1 vol.
— des arts et de la curiosité. 1 vol.
— de Paris, par VILLEMESSANT. Brochure.
Chronométrique (la Tribune), journal, par DUBOIS. Brochure.
Cimetières (les) de Paris, par QUAGLIA. 1 vol.
— (Découverte d'un) mérovingien, par LENORMANT. Brochure.
Cire (la) alliée à l'huile, par TANBENHEIM. 1 vol.
— (Notice sur la peinture à la) par DUROZIEZ. Broch.
— (Mémoire sur la peinture à l'encaustique et à la), par CAYLUS. 1 vol.
— (Histoire de la peinture en). Brochure.
Cités et ruines américaines (atlas), par CHARNAY. Carton.
— — (texte). — 1 vol.
— (les) ouvrières de Paris, par VEUGNY. Carton.
Classes (les) laborieuses, par COMPAGNON. 2 vol.
Clefs de l'histoire de la comédie grecque, par FAUSTIN. 1 vol.
Cloche de Moscou (Description de la grande). 1 vol.

Cochinchine (de l'Étiologie de la diarrhée de), par BAISSADE. Brochure.

Codes français, par TRIPIER. 1 vol.

Collection de San-Donato (objets d'art). 1 vol.

— — (Tableaux marbres). 1 vol.

— Coucheteff. 1 vol.

— importantes de verres antiques (ventes). 1 vol.

— de dessins, par CLERGET. 1 vol.

— de 586 dessins pour étoffes. 1 vol.

— Sauvageot, par LIÈVRE. 2 vol.

— de livrets des anciennes expositions de 1673 à 1800. 1 paquet.

— de portes monumentales, par DONALSON. 1 vol.

— de pièces d'écritures, par HUET. 1 vol.

— des principales pièces d'armes de la galerie de Madrid, par JUBINAL. 1 vol.

— d'œuvres d'art, par LIÈVRE. 1 vol.

— de ses plus belles compositions, par LEPAUTRE. 1 vol.

— des empreintes de sceaux, par LABORDE. Brochure.

— de Norblin. 1 vol.

— de portes monumentales, par LAVERTON THOMAS. 1 vol.

— des plus jolis oiseaux des quatre parties du Monde, par TRAVIE. 1 vol.

— précieuse de 17 tableaux de maîtres anciens. Carton.

Collection de plombs historiés trouvés dans la Seine, par FORGEAIS. 5 vol.
— (Notice sur les) du musée d'artillerie. 1 vol.
— Parquet lithographié. 1 vol.
— of the Italian sculpture. 1 vol.
— de feu Alfred Sensier. (Catalogue). 1 vol.
Colonisation en Algérie par les enfants assistés de France. 1 vol.
Colonnade (Observation sur la) du Louvre, par RONDELET. 1 vol.
Colonne Trajane, par PERIER. 1 vol.
Colonnes Trajane et Antonine, par PIRANESI. 1 vol.
Coloriste manuel (du), par PERROT. 1 vol.
Commerce de la France, année 1866. 1 vol.
Commission de la correspondance de Napoléon Ier. Brochure
Compas (l'Usage du) de proportion, par HENRION. 1 vol.
Compte rendu de l'inauguration de la statue de Guillaume le Conquérant, par BRÉBISSON. 1 vol.
— rendu fait à la chambre syndicale de la Céramique, par MAGNIEN. 1 vol.
— rendu par la Société d'encouragement pour la propagation des livres d'art. Brochure.
— rendu de la Société protestante. Brochure.
— des dépenses de la construction du château de Gaillon 1850, par DEVILLE. 1 vol.
— rendu sur la reconstruction de l'Hôtel-de-Ville, par DUC. Brochure.
Conchyliologie de l'île de la Réunion, par DESHAYES. 1 vol.

Concours et exposition des produits industriels, par DOGNÉ. Brochure.

— pour les monuments publics, par CÉSAR DALY. Brochure.

Conférences sur Bernard de Palissy, par BURTY. 1 vol.

— sur la réforme fiscale, par MENIER. Broch.

— monétaire internationale. 1 vol.

Congrès des Sociétés savantes en France. 1 vol.

— des architectes français. 1 vol.

— international des brevets d'invention, exposition de Vienne 1873, par THIRION. 1 vol.

Connaissance de la peinture, par BURTIN. 1 vol.

Conservation des monuments historiques, par M. A. R. Brochure.

Considération sur les principes de l'histoire des bas-reliefs, par GUILLAUME. 1 vol.

— sur l'architecture, par MORANDIÈRE. 1 vol.

— morales sur la destination des ouvrages d'art, par QUATREMÈRE DE QUINCY. 1 vol.

— sur l'origine de la peinture, par VIEL. Brochure.

Constructions habitables (de l'exportation des), par BING. Brochure.

— résistance des matériaux (dans les), texte et planches, par CHERY. 2 brochures.

Contraste simultané des couleurs, par CHEVREUL. 1 vol.

— — (de la Loi du). 1 vol.

Convention (la) industrielle et libérale. 1 vol.

Conversation du maréchal d'Hoquincourt avec le père Canage, par SAINT-ÉVREMONT. Broch.

Corporations (les) à Bordeaux, par GANLIEUR. Brochure.
Corps humain (Géométrie du), par DURERO. 1 vol.
— — (Opinion de Léonard de Vinci sur la symétrie du). 1 vol.
— — (Proportions du), par GÉRARD. 1 vol.
— — Pittore geometra (Symétrie du), par ALBERT DURER. 1 vol.
Correspondance de Napoléon Ier. 32 vol.
Correspondant (le). Liv.
Cosmographie (Éléments de), par GUILLEMIN). 1 vol.
Cosmos (revue encyclopédique), par MOIGNO (l'abbé). 1 vol.
Costumes historiques des XIIe, XIIIe, XIVe et XVe siècles, par CHARLES BLANC. 3 vol.
— religieux, civils et militaires, par BAR. 5 vol.
— de la première république, par DAVID. Carton.
— civil, militaire et de théâtre. Carton.
— (Iconographie du) du IVe au XIXe siècle, 315 à 1815, par JACQUEMIN. 2 cartes.
— (Iconographie du), par JACQUEMIN. 2 cartons.
— Esquisse historique de l'artillerie française, par MOLTZHEIM. 1 vol.
— des anciens peuples, par DANDRÉ-BARDON, 2 vol.
— (Histoire du) en France, par QUICHERAT. 1 v.
— Histoire du vêtement au XIXe siècle (hommes). 1 vol.
— (le) à la cour, à la ville, par KREKHEFF. 1 vol.
— Institution et usage du costume au XVIIIe siècle, par PAUL LACROIX. 1 vol.

Costumes historiques, par PAUQUET. 1 vol.
— Mœurs, usages et costumes au moyen âge, par PAUL LACROIX. 1 vol.
— anciens et modernes, par VECELLIO. 2 vol.
— historique d'Italie. 1 vol.
— populaire de Rome. 1 vol.
— du Directoire, par GUILLAUMOT. 1 vol.
— mythes et traditions des provinces de France, par NORE. 1 vol.
— Dictionnaire des institutions, mœurs et costumes de la France, par CHERUEL. 2 vol.
— Histoire générale du costume civil, religieux et militaire du IVe au XIXe siècle, par JACQUEMIN. 1 vol.
— Mœurs du moyen âge, par PAUL LACROIX. 3 vol.
— de différentes nations du Levant. 1 vol.
— Dictionnaire historique des institutions, mœurs (et) de France, par CHERUEL. 2 vol.

Coton (Traité sur la fabrication du) (texte), par ALCAN. 1 vol.
— — — (atlas). 1 vol.

Couleurs (des) et de leur application aux arts industriels, par MUNIER. Brochure.
— (Cours d'expériences chimiques sur la fixité des), par REGNER. Brochure.
— (Dissertation sur les). 1 vol.
— (Traité des) pour la peinture, par D'ARCLAIS DE MONTAMY. 1 vol.
— (Traité de la) et de la lumière, par ZIÉGLER. 1 vol.

Couleurs (du Caractère symbolique des) employées dans les peintures chrétiennes, par MONTABER. Brochure.

Coupeur (la Science du) (Tailleur), par GRILLOT. 1 vol.

Cours de mathématiques à l'usage de l'ingénieur civil, (Texte), par ADHÉMAR. 3 vol.

— — (Atlas). 1 vol.

— de Cosmographie, par AMIOT. 1 vol.

— progressif de l'ornement, par CAROT. 1 vol.

— élémentaire de dessin (figure humaine), par CORNU. 1 vol.

— rationnel de dessin (Planches), par D'HENRIET 2 vol.

— méthodique d'ornement et de dessin, par F. A. M. G. Carton.

— de dessin d'après la bosse, par GOUPIL. Carton.

— complet de la langue française, par GUERARD. 1 vol.

— de peinture, par DE PILES. 1 vol.

— d'expériences chimiques sur la fixité des couleurs, par REGNER. Brochure.

— de charpentes (texte), par SOYEUX. 1 vol.

— — (atlas). 1 vol.

— rationnel de dessin (texte), par D'HENRIET. 2 vol.

Courses géologiques, par PERROT.

Coutellerie. Catalogue illustré d'une collection de coutellerie ancienne (anglais). 1 vol.

Critique d'art et de littérature, par CLÉMENT DE RIS. 1 vol.

Critique sur la nouvelle traduction des *Géorgiques* de Virgile, par CLÉMENT. 1 vol.
— (la) en matière de peinture, par WIERTZ. Broch.
Croquis d'architecture (grand format), INTIME-CLUB. 2 vol.
— d'architecture. Brochure.
— à l'eau-forte (12), par LALANNE. 1 vol.
Cryptographie (la) dévoilée, par VESIN DE ROMANI. 1 vol.
Cyropédie (la), par XÉNOPHON. 1 vol.

D

Daguerréotique (Historique et description des procédés du), par DAGUERRE. 1 vol.
Début de l'imprimerie à Strasbourg, par DE LABORDE. 1 vol.
Décoration (Recueil de dessins relatif à l'art (de la), par HOFFMANN. 1 vol.
— intérieure et meubles Louis XIII et XIV, par ADAMS. 1 vol.
— intérieure, époque Louis XVI, par QUEYERDO. 1 vol.
— (Spécimen de la) A, B, C, par LIÉNARD. 3 vol.
— (Spécimens de la) et de l'ornement, par LIENARD. 1 vol.
— intérieures, choix de motifs, par CÉSAR DALY. Carton.
Décorative italienne (exemples anglais). 1 vol.

Décorative plate. 1 vol.

— Exemples de décoration (anglais). 1 vol.

Découverte d'une fonderie celtique. Brochure.

— d'un cimetière mérovingien, par LENORMAND. Brochure.

Décret du 13 novembre et l'Académie des beaux-arts, par CHESNEAU. 1 vol.

Délégation des ouvriers à l'Exposition de 1867. Broch.

Délices de l'Italie. 4 vol.

Dentaire (de la Prothèse), par ADLER, 1 vol.)

Dentelles (Dessins pour), par COUDER. 1 vol.

— Patrons de broderies, dentelles et guipures du VIe siècle, par COCHERIS. 1 vol.

— (Catalogue descriptif de la (anglais), 1 vol.

— Modèles et dessins. Carton.

— anglaise. Brochure.

— et dessins, par LEFEBVRE. 1 vol.

— (Dessins pour), par ROUSSEL. 2 vol.

— (Rapport sur les), par AUBRY. 1 vol.

— L'Industrie dentellière, par CHEVALLIER BALME. 1 vol.

— (Histoire de la). 1 vol.

— (Échantillons de), par ÉLOFFE. 1 vol.

— (la) historique, par SEGUIN. 1 vol.

Département des Estampes à la Bibliothèque nationale, par DELABORDE. 1 vol.

— (le) des Estampes à la Bibliothèque impériale, par DUPLESSIS. 1 vol.

Dépenses des menus plaisirs de la chambre du Roi, par DE MONTAIGLON. Brochure.

Déportation (la) et l'abandon des morts, par Pagès. Brochure.

Dernière annexe au palais de l'Industrie, par Andrand. 1 vol.

Déroute (la) des Césars, par Désiré Laverdant, 1 vol.

Description du musée royal des antiquités du Louvre, par Clarac. 1 vol.

— des principales pierres gravées du cabinet du duc d'Orléans, par l'abbé Chan. 2 vol.

— du procédé dit américain. *Photographie*, par Colas Ferdinand. 1 vol.

— du cabinet royal de Dresde. 1 vol.

— of the royal Colosseum (anglais). Brochure.

— de l'hôtel des Invalides et du tombeau de l'Empereur. Brochure.

— de l'ourdissage, etc., par Deneirouse.

— du grand autel de N.-D.-de-Bon-Secours, par Godefroy. Brochure.

— de la grande cloche de Moscou. 1 vol.

— des monnaies françaises, par Greau. 1 vol.

— du projet de campement, par Horeau. Brochure.

— du tombeau de l'Empereur, par Lejeune. Brochure.

— de la Confédération Argentine, par Martin de Moussy. 3 vol.

— de la cathédrale de Strasbourg, par Miller. 1 vol.

— des curiosités des églises de Paris, par Martial Lefèvre. 1 vol.

Description de Paris, Versailles, etc., par PIGANIOL DE LA FORCE. 7 vol.

— de l'Indoustan, par RENNEL, 3 vol.

— raisonnée d'anciens manuscrits, par TECHENER, 1 vol.

— de plusieurs édifices à Saint-Pétersbourg, par DE THOMON. 1 vol.

— du château de Coucy, par VIOLLET LE DUC. Brochure.

— du château de Pierrefonds, par VIOLLET LE DUC. Brochure.

— de la colonne Trajane. 1 vol.

— d'un parc égyptien, par MARIETTE, 1 vol.

— illustrée du trésor du Dôme à Aix-la-Chapelle, par BOCH. Brochure.

— (Historique et) des procédés du Daguerréotype, par DAGUERRE. 1 vol.

— de l'abbaye du Mont-Saint-Michel, par CORROYER. 1 vol.

Dessins et calques d'architecture sur les monuments de Rome. Carton.

— divers, originaux, par BELORGÉ. Carton.

— (le) sans maître, par Mme CAVÉ, Brochure.

— d'imitation (modèles de), par CHAZAL. 3 vol.

— originaux, par CLERGET. 1 vol.

— géométriques, par CLERGET. 1 vol.

— — par COUDER. Carte.

— (Cours élémentaire de), figure humaine), par CORNU. Carte.

Dessin (Réponse à deux questions des arts du), par COLFS. Brochure.
— (Grammaire élémentaire du), par CERNESSON. 1 vol.
— (la Leçon de), par DENIZARD. Brochure.
— (Cours rationnel de) (planches), par d'HENRIET. 2 vol.
— (Différents modèles, plans, cours d'ornements et de). 1 vol.
— (Différents), lampes, porcelaines, etc. Carton.
— de voitures. Carte.
— (Différents) de concours. Carton.
— Japonais. 1 vol.
— pour l'Industrie; estampes, eaux-fortes, etc. Carton.
— (un) de broderie, par DEVILLE. 1 vol.
— (Rapport sur l'école de), de Mulhouse, par ENGEL-DOLFUS. Brochure.
— (Cours élémentaires de), appliqués à l'architecture, la sculpture et la peinture, par ETEX. 1 vol.
— (Ecole de) et de modelage (Règlement). Brochure.
— (Enseignements du) dans les écoles de Paris. Broch.
— (Cours méthodique d'ornement du), par F. A. M. G. Carton.
— (Éléments du) linéaire et ombré, par GAILLARD. Brochure.
— (Éléments du), par GAILLARD. Brochure.

Dessin (Éléments de), méthode des reliefs, par GAILLARD. Brochure.

— (Éléments de la grammaire du), par GELIBERT. Brochure.

— Perspectomètre, le dessin en 25 leçons, par GÉLIBERT. 1 vol.

— (Cours de), d'après la bosse, par GOUPIL. Carton.

— (Manuel de) (anglais), par GILBERT. 1 vol.

— (Recueils de), relatifs à l'art de la décoration, par HOFFMANN. 1 vol.

— (de la Mémoire des yeux appliquée à l'enseignement du), par JOBARD. Brochure.

— (Histoire des Arts qui ont rapport au), par MONIER. 1 vol.

— (Essai sur l'enseignement du) appliqué à l'industrie, par MIGETTE. Brochure.

— (Méthode de l'enseignement du). Brochure.

— (40 Modèles de) de concours. Carton.

— (Quelques observations sur l'école de), de Metz, par MIGETTE. Brochure.

— Mémoire présenté au préfet de la Côte-d'Or, École de dessin. 1 vol.

— (Enseignement des arts du) en Suisse, par MEUN. 1 vol.

— (Méthode élémentaire du), par OTTIN. 3 vol.

— (Méthode élémentaire du), par OTTIN. Brochure.

— (Œuvres diverses de), par ORSEL. Carton.

— Originaux, par PAILLARD DURY. Carton.

— d'ameublement, par PRIGNOT. Carton.

Dessin (L'art du) en France, par QUATREMÈRE DE QUINCY. 1 vol.

— improvisés dans l'acier, 12 portraits de dames, par REGNAULT. 1 vol.

— (Rapport sur une école de) et de modelure. Brochure.

— de fer, de bronze aux XVe et XVIe siècles, par VARIN. 1 vol.

— pour étoffes, par BRAUN. 1 vol.

— pour dentelles, par COUDER. 1 vol.

— de cachemires, par GONELLE. 1 vol.

— (Échantillon de) de cachemire, par GONELLE. Carton.

— de cachemires, par BROUTY. 1 vol.

— (Statuts de la Société de) de Mulhouse. Broch.

— (du) dans l'Industrie des beaux-arts, par DUVAL. 1 vol.

— de Guerchin, par PIRANESI. 1 vol.

— de gravures d'ornement et figures, par VARIN. 1 vol.

— (Méthode pour apprendre l'art du), par ALBERTI. 1 vol.

— de papiers peints, par THERMIDOR LAURENT. 1 vol.

— Il faut dessiner, par TREMBLAY. Brochure.

— (Quelques réflexions sur l'enseignement du) professionnel, par CASE. Brochure.

— (L'Art du) chez les Grecs, par BRUNEL DE VARENNE. 1 vol.

— (Cours rationnels de) (texte), par D'HENRIET. 2 vol.

Dessinateur (le) pour les fabriques d'étoffes d'or, par JOUBERT DE L'HIBERDERIE. 1 vol.

Destinées (des) du musée Napoléon III, par GALICHON. Brochure.

Détail des ouvrages de menuiserie, par POTAIN. 1 vol.

Diable (le) à Paris, par GAVARNI. 4 vol.

Dialogue sur les arts. 1 vol.

— raisonné entre un Anglais et un Français (revue). Brochure.

— entre un vieil ouvrier et un bourgeois, par LECLAIR. Brochure.

Dictionnaire général des artistes de l'école française, par BELTIER DE LA CHAVIGNERIE. Broch.

— des artistes, par GABET. 1 vol.

— des beaux-arts, par LACOMBE. 1 vol.

— des beaux-arts, par MILLIN. 3 vol.

— de poche des artistes, par PELLOQUET. 1 vol.

— de peinture et d'architecture. 2 vol.

— des peintres espagnols, par QUILLET. 1 vol.

— historique des peintres, par SIRET. 2 vol.

— des termes employés dans la construction, par CHABAT. 6 vol.

— d'architecture, par LEVIRLOIS. 3 vol.

— de l'ancien Paris, par LOCH. Brochure.

— de l'architecture, par VIOLLET LE DUC. 10 vol.

— des graveurs, par BASAN. 2 vol.

Dictionnaire des arts et du dessin, par BOUTARD. 2 exempl.

— des arts et manufactures. 4 vol.

— des arts et métiers, par JAUBERT (l'abbé). 6 vol.

— des produits de la nature et de l'art, par MAGNIN. 3 vol.

— du mobilier français, par VIOLLET LE DUC. 6 vol.

— de l'industrie. 3 vol.

— des arts et métiers. 24 vol.

— français-anglais, par BOYER. 2 vol.

— des institutions, mœurs et costumes de la France, par CHÉRUEL. 2 vol.

— universel d'histoire naturelle, par D'ORBIGNY. Brochure.

— des sciences. 17 vol.

— des sciences (planches). 11 vol.

— industriel à l'usage de tout le monde, par LACROIX. 2 vol.

— encyclopédique et biographique de l'industrie et des arts industriels, par LAMI. Brochure.

— des mathématiques appliquées, par SONNET. 1 vol.

— et atlas d'histoire, géographie, blason, par BOUILLET. 2 vol.

— géographique de la France, par JOANNE. 1 vol.

— historique de la France, par LALANNE. 1 v.

Dictionnaire des ordres de chevalerie, par MAIGNE. 1 vol.

— historique, par NOEL. 1 vol.

— géographique de la France, par PEIGNÉ. 1 vol.

— des contemporains, par VAPEREAU. 1 vol.

— des lettres et des beaux-arts, par BACHELET. 2 vol.

— de la vie pratique à la ville et à la campagne, par BÈLÉZE. 1 vol.

— des sciences, des lettres et des arts, par BOUILLET. 1 vol.

— bibliographique des artistes français du XIIe au XVIIe siècle, par BERARD. 1 vol.

— français illustré, par DUPINEY DE VOREPIERRE. 5 vol.

— des synonymes, par LAFAYE. 1 vol.

— de la langue française, par LITTRÉ. 4 vol.

— des antiquités, par RICH. 1 vol.

— général des artistes de l'école française, par DE LA CHAVIGNERIE. 1 vol.

— (nouveau) bibliographique, Manuel du libraire, par BRUNET. 6 vol.

— de la langue française, par RICHELET. 3 vol.

Die hunts in hanvert, par BUCHER. 1 vol.

Différents dessins, lampes, porcelaines, céramiques. 1 vol.

— dessins de concours. 1 vol.

Différents (des) genres dans l'art de la peinture, par LENOIR. Brochure.

Discours prononcés à l'exposition de 1864, par LE CŒUR. Brochure.

— prononcés dans les conférences de l'Académie royale, par COYPEL. 1 vol.

— prononcés à Anvers en 1867, par DOGNÉE. Brochure.

— qui a obtenu la mention honorable, par DECHAZEL. Brochure.

— prononcés par M. ÉMILE OLLIVIER, loi sur la presse. Brochure.

— prononcés par S. E. le duc de Persigny. Br.

— historique sur la gravure, par ÉMERIC DAVID. Brochure.

— du budget 1856 et 1866, par JUBINAL. 2 brochures.

— sur les monuments publics, par KERSAINT. Brochure.

— et conférences, Lille, Nîmes, etc., par MENIER. Brochure.

— d'ouverture à l'école des beaux-arts 1869, par ROCHET. Brochure.

— sur l'utilité du musée établi à Paris 1874, par MOREAU DE SAINT-MERY. 1 vol.

— prononcés à la distribution des prix à l'Association philotechnique de Saint-Denis, par ROBERT. Brochure.

— sur l'enseignement secondaire de jeunes filles, par EGGER. Brochure.

Dissertation sur l'apostolat de Saint-Martial, par ARBELOT (abbé). Brochure.

Distribution des prix à l'exposition des beaux-arts 1864, par COURTOIS. 1 vol.

— des prix de l'école gratuite des beaux-arts appliqués à l'industrie. Brochure.

— des récompenses aux écoles professionnelles de Douai. Brochure.

— des prix à l'école des beaux-arts de Marseille. Brochure.

— des prix aux élèves de la bijouterie, 1876. Brochure.

— des prix de la 5e exposition de l'Union Centrale, traduction anglaise. Brochure.

Diverses résistances de la fonte, par LOWE. 1 vol.

Documents inédits sur l'histoire de France, histoire de Dieu, par DIDRON. 1 vol.

— sur les fabriques de faïences de Rouen, par DELISLE. 1 vol.

— inédits sur le Comput, par DE MONTAIGLON. Brochure.

— relatifs à l'exposition des insectes 1865. 1 vol.

— relatifs à la télégraphie électrique, par LAVAILLE. 1 vol.

— inédits sur l'histoire de France, anciens diocèses de Paris, par GUILHERMY. 1 vol.

— de l'exposition des beaux-arts appliqués à l'industrie à Amsterdam 1877. 1 vol.

Doutes et conjectures sur la déesse Hechalennia, par POUGENS. 1 vol.

Du Vrai, du Beau et du Bien, par COUSIN. 1 vol.

E

Eau-forte (art de graver à l') et au burin, par BOSSE. 1 vol.

— (Lettres sur les éléments de la gravure à l'), par CADART. 1 vol.

— et bois inédits, par DAUBIGNY. 1 vol.

— (Raffet, son œuvre lithographique et ses), par GIACOMELLI. 1 vol.

— (Raffet, son œuvre lithographique et ses), par JACQUES. Carton.

— (Traité de gravure à l'), par LALANNE. 1 vol.

— l'illustration nouvelle (gravures à l'). 2 vol.

— (Douze croquis à l'), par LALANNE. 1 vol.

— (Lettres sur la gravure à l'), par POTEMONT. 1 vol.

— Société des aquafortistes (eaux-fortes). 4 vol.

— Besançon et la vallée du Doubs, XXV eaux-fortes, par ABRAHAM ET COINDRE. Carton.

— (50) de sujets d'art (anglais) (Kensington). 2 vol.

— (300), galerie D. Ruel, par DURAND RUEL. 4 cartons.

Échantillons de soieries anciennes. Carton.

Échantillon de soieries modernes. 2 cartons.
— de soieries époque Louis XV. Carton.
— de soieries époque Louis XV et Louis XVI. Carton.
— de passementeries, broderies sacerdotales. Carton.
— de cachemires. Carton.
— de modèles pour stores. Carton.
— de dessins de cachemires, par GONELLE. 2 vol.
— de dentelles, par EOFFE. 1 vol.
— de papiers peints. 1 vol.
— d'étoffes de soies. 1 vol.
— soieries, velours, un carnet. 1 vol.
— d'indiennes. Carton.
— de passementeries. 1 vol.

Écho des journaux (revue mensuelle), par AUBER. 1 vol.

Eclesiastical metal Works. 1 vol.

École nationale et spéciale des beaux-arts (rapport). Brochure.
— impériale et spéciale des beaux-arts. Brochure.
— de dessin et de modelage (règlement). Broch.
— centrale des arts et manufactures. Brochure.
— de la miniature. 1 vol.
— libre des sciences politiques. 1 vol.
— centrale des arts et manufactures. 1 vol.
— gratuite des beaux-arts à Limoges, par LAFOND. Brochure.
— d'archéologie de France à Rome, par LOUVRIER DE LAJOLAIS. Brochure.

École d'Uranie ou l'art de peindre, par DE MARCY (l'abbé). 1 vol.
— Italienne, par PIRANESI. 1 vol.
— Anglaise, par PESQUIDOUX. 1 vol.
— Bolonaise, par CHARLES BLANC. 1 vol.
— Vénitienne, par CHARLES BLANC. 1 vol.
— Florentine, par CHARLES BLANC. 1 vol.
— Ombrienne et romaine, par CHARLES BLANC. 1 vol.
— Milanaise, Lombarde, Ferraraise, Génoise et Napolitaine, par CHARLES BLANC. 1 vol.
— Hollandaise, par CHARLES BLANC. 2 vol.
— Flamande, par CHARLES BLANC. 1 vol.
— Française, par CHARLES BLANC. 3 vol.
— Anglaise. 1 vol.
— (l'), par JULES SIMON. 1 vol.
— Royale des Élèves protégés, par COURAJOD. 1 vol.
— de Louis David et son temps, par DELESCLUZE. 1 vol.
— Moyens de créer et entretenir des écoles. Brochure.
— de l'utilité (d'une) industrielle, par CHAIX. Brochure.
— second banquet annuel des anciens élèves (de) de Sorèze. Brochure.
Économique (la réforme), par MÉNIER. 1 vol.
Édifices des anciens peuples, par LE ROY. 1 vol.
Effets de l'abondance de l'or, par GODART DESMAREST. Brochure.
Église du Sacré-Cœur à Montmartre. Brochure.
— Sainte-Perpétue à Nismes, par FÉLON. 1 vol.

Église évangélique de Cette 1832 (maison de refuge). Brochure.
— établissement de bains de mer. Brochure.
— cathédrale de Sienne, par LABARTE. Brochure.
— Saint-Sulpice, par PATRICE-SALIN. 2 vol.
— de Bourges, par ROMELOT. 1 vol.
— et monastère du Val-de-Grâce, par RUPRICH-ROBERT. 1 vol.
— Description illustrée du Trésor du Dôme, Aix-la-Chapelle, par BOCK. Brochure.
— de la Sainte-Chapelle de Paris, par CALLIAT. 1 v.
— (Notice sur les peintures de l') Saint-Savin, par MÉRIMÉE. 1 vol.
— (Histoire de l') de Chartres. 1 vol.
— (Vitraux de l') Saint-Patrice à Rouen, par BAUDRY. Brochure.
— (Monographie de l') de N.-D. de Noyon. 1 vol.
— — — 1845. 1 vol.
— (Monographie de l') Saint-Ambroise. Carton.
— (Itinéraire de l'artiste dans les) de Paris, par GERMOND DE LAVIGNE. 2 brochures.
— (Monographie de l') de la Trinité de Paris, par BALLU. 1 vol.
— (le Pavage de l') d'Orbain, par COURAJOD. Broch.
— (Notice sur l') Saint-Eustache de Paris, par GAUDREAU. 1 vol.

Églises (Description des curiosités des) de Paris, par M. LEFÈVRE. 1 vol.

Égypte (Voyage en), observation sur les arts égyptien et arabe, par CHARLES BLANC. 1 vol.

Égypte (l'), par LENORMAND. Brochure.
— (Recherches sur l') moderne, par LABORDE. 1 vol.
— (Aperçu de l'histoire ancienne d'), par MARIETTE-BEY. Brochure.
— (Voyage en) et en Nubie, par AMPÈRE. 1 vol.
Égyptien (l'art), par PRISSE d'AVENNE. Carton.
— (le Rituel funéraire des anciens), par LENORMAND. Brochure.
— (Description d'un parc), par MARIETTE. 1 vol.
Égyptienne (Recherches sur la magie), par DE LABORDE. 1 vol.
— (Architecture) considérée et comparée, par QUATREMÈRE DE QUINCY. 1 vol.
Électrographie ou nouvel art de graver, par DEVIENCENZI. Brochure.
Éléments de statistique et de géographie, par BOUDIN. 1 vol.
— de cosmographie, par GUILLEMIN. 1 vol.
— d'orfévrerie, par GERMAIN. 1 vol.
— de dessin, par GAILLARD. 1 vol.
— du dessin linéaire et ombré, par GAILLARD. 1 vol.
— de la grammaire du dessin, par GÉLIBERT.
— de bijouterie et joaillerie, par SCHLODHAUER. 1 vol.
— de perspective, par VALENCIENNES. 1 vol.
— de mécanique, par Beynac. 1 vol.
— (les) d'Euclide, par DÉCHALLES. 1 vol.
Éloge historique d'Auguste Bravais, par ÉLIE de BEAUMONT. 1 vol.

Éloge de Lancret peintre du roi, par GUIFFREY. 1 vol.
— de la Mort, par GALLY. 1 vol.
— historique de M. de Lasteyrie, par PASSY. Brochure.
— de M. Leclerc, dessinateur et graveur, par VALLEMONT (abbé). 1 vol.
— de Rubens, par WIERTZ. Brochure.
Émail (l') des peintres, par POPELIN. 1 vol.
— (Peinture en) sur lave, par JOLLIVET. Brochure.
— (l'Art de l'), par CLODIUS POPELIN. 1 vol.
Émaillerie limousine (des Origines de l'), par DE LASTEYRIE. Brochure.
Émailleurs et émailleries de Limoges, par ARDANT MAURICE. 1 vol.
Émaux (les) cloisonnés, par BURTY. 2 vol.
— cloisonnés, par DE LA FIZELIÈRE. 1 vol.
— cloisonnés japonais, exposition 1869, par FRANCK. 1 vol.
— — par FRANCK. 1 vol.
— (les) de Petitot, par PETITOT. 3 vol.
— (Catalogue de l'exposition spéciale des) sur métal (anglais). 1 vol.
(anglais). Brochure.
— (Notice des), par DE LABORDE. 2 vol.
Emblèmes italiens, par ANDRÉA ALCIATI. 1 vol.
— de grades militaires. 1 vol.
Émigration des ouvriers vers les villes, par DE LA TERRIÈRE. 1 vol.
Empereur (Description du tombeau de l'), par LEJEUNE. Broch.

Empereur (l') Charles VI à Gand. 1 vol.
Empire romain à Rome, par AMPÈRE. 2 vol.
Encres d'imprimerie (Notice sur la fabrication des), par LORILLEUX. 1 vol.
Encyclopédie portative. 1 vol.
— méthodique (texte). 5 vol.
— — (atlas). 2 vol.
— d'architecture, par GALLIAT et LACE. 12 vol.
— de l'ornement par MALAPEAU, 1 vol.
— moderne (texte et atlas), par RENIER. 44 vol.
— des voyages en Europe, par SAUVEUR.
— — 1 vol.
— des voyages en Asie, par SAUVEUR. 1 vol.
— des voyages en Afrique, par SAUVEUR, 1 vol.
— des voyages en Amérique, par SAUVEUR, 1 vol.
— des Arts et Métiers, par TRIPONT. 1 vol.
— des sciences, des lettres et des arts. Broch.
— ou Dictionnaire raisonné des sciences, des arts et métiers, par DIDEROT. 28 vol.
Encyclopédique (solution) de toutes les difficultés usuelles, par BUESSARD. 1 vol.
Enfer (l'), par DANTE. 1 vol.
Enquête ouverte par la réunion du 10e groupe de l'exposition de 1867. Brochure.
— sur l'enseignement professionnel. 2 vol.
— sur la circulation monétaire fiduciaire. 1 vol.

Enquêtes (Quelques mots à propos d'), sur les conseils de prud'hommes. Brochure.

Enseignement du dessin professionnel, par BARDIN. 1 vol.

— du dessin dans les colléges, par BLANCHARD. Brochure.

— industriel en Angleterre, par COCQUIEL, 1 vol.

— du dessin dans les écoles (Ville de Paris). 1 vol.

— oral du dessin industriel, par FOUCHÉ. Brochure.

— public, par GAULHIER COIGNET. 1 vol.

— des Beaux-Arts, par CHARVET. 1 vol.

— des Arts et du dessin en Suisse, par MENU. 1 vol.

— professionnel, par DENNIÉ. Brochure.

— de la sténographie dans les lycées, par DELAUNAY. Brochure.

— Ce que réclame le XIXe siècle, enseignement d'architecture, par VIOLLET LE DUC. Brochure.

— supérieur (Quelques observations sur la réforme de l'), par BOUTMY. Broch.

Ensemble. Exposition rétrospective de photographie, par FRANCK. 1 vol.

Entretien sur la peinture, par RENÉ MENARD. Broch.

— sur l'architecture (texte et atlas), par VIOLLET LE DUC. 3 vol.

— sur la théorie de la peinture, par VOÏART. 1 v.

Entretien (John Phedon ou) sur la spiritualité de l'âme, par MOSES MENDELS. Brochure.

Épipolimétrie ou art de mesurer toutes les superficies, par L'HOSTE. 1 vol.

Époques (les) époques de la France, par Hubault. 1 vol.

Esquisse historique de l'artillerie française, par MOLTZHEIM. 1 vol.

— de Versailles, objets d'art de l'empereur Rodolphe II, par STRADA OTTAVIO. Brochure.

Essai sur le beau, par ANDRÉ. 1 vol.

— sur l'art de construire les Théâtres, par BOULLET. 1 vol.

— sur les causes de la sculpture antique, par CHEVALIER. Brochure.

— sur la dignité des Arts, par CHAUSSARD. Broch.

— sur la perspective linéaire, par CHEVALIER DE CUREL. 1 vol.

— sur l'histoire des tapisseries, par CHOCQUEL. 1 vol.

— sur la sculpture, par DANDRÉ BARDON. 2 vol.

— sur les nielles, par DUCHESNES. 1 vol.

— historique sur l'Inde, par DE LA FLOTTE. 1 vol.

— historique sur la sculpture française, par ÉMERIC-DAVID. 1 vol.

— sur le classement chronologique des sculpteurs grecs. Brochure.

— sur l'Enseignement du dessin appliqué à l'industrie, par MIGETTE. Brochure.

— sur le dessin et la peinture, par FARCY. 1 vol.

— sur l'histoire de la gravure sur bois, par FIRMIN-DIDOT. 1 vol.

Essai sur le goût, par GÉRARD. 1 vol.
— de perspective, par GRAVESANDE. 1 vol.
— sur cette question : Quels ont été les progrès de l'architecture, par HUET. Brochure.
— général d'éducation physique, morale, etc., par JULIEN DE PARIS. 1 vol.
— sur l'emploi du temps, par JULIEN DE PARIS. 1 vol.
— sur un document de mathématique, par LENORMAND. 1 vol.
— sur l'appréciation de la fortune privée, par LEBER. 1 vol.
— sur le paysage, par LECARPENTIER. 1 vol.
— sur la physionomie, par LAVATER. 4 vol.
— sur le paysage, par LEBRUN. Brochure.
— sur la vie et les ouvrages de P. Pujet, par PONS. 1 vol.
— historique sur la Métallurgie, par PETIT-GRAND. 1 vol.
— d'une monographie du type romain ancien, par ROCHET. Brochure.
— sur l'emploi des fers à double T, par ROUVENAT. 1 vol.
— sur divers arts, par THÉOPHILE. 1 vol.
— historique sur le vitrail, par THEVENOT. 1 vol.
— sur la peinture à l'huile du paysage, par VANDER. Brochure.
— sur la dignité des arts, par CHAUSSARD. Broch.
— sur la peinture, la sculpture et l'architecture. 1 v.
— sur J. L. David, par COUPIN. Brochure.

Estampes du Levant, représentant différentes nations du Levant. 1 vol.
— Musée oriental, photographies, par FRANCK. 1 vol.
— (Notice sur les), par DUCHESNE. 1 vol.
État civil au Bengale, par DEMENNIER. 2 vol.
— des arts en Angleterre, par BOUSQUET. 1 vol.
Étiologie (de l'), de la diarrhée de Cochinchine, par BAISSADE. Brochure.
Étoffes en draps. Carte.
— de soie, échantillons. 1 vol.
— diverses. 1 vol.
— de soie (Recherches sur le commerce des), par FRANCISQUE. 2 vol.
— (Impression sur). 1 vol.
Étrennes de 1868, par FIRMIN-DIDOT. Brochure.
— de 1876. 1 vol.
Étrusque (Architecture), romaine et grecque, par PIRANESI. 1 vol.
Étude des passions, par DELESTRE. 1 vol.
— sur l'histoire naturelle, par DELVAILLE. 1 vol.
— sur les travaux et sur la vie de Bernard Palissy, par DUPLESSY. 1 vol.
— pratiques sur la question d'Orient. 1 vol.
— sur le génie des peintres italiens, par ANTOINE FLEURY. 1 vol.
— des Ombres, par FOUCHÉ. Carton.
— sur les Beaux-Arts, par GUIZOT. 1 vol.
— d'un nouveau système d'alignement des voies publiques, par GRILLON. Brochure.

Etude sur la réorganisation des Beaux-Arts, par LAZERGUES. Brochure.

— d'ombres à l'usage des écoles d'architecture, par LÉVEILLÉ. 1 vol.

— critique sur le Musée de peinture de la ville de Metz, par MICHEL. Brochure.

— sur les ouvriers des villes, par MAZAROZ. Broch.

— sur l'art, par PFAU. 1 vol.

— géologique du Velay, par LOUIS PASCAL. 1 vol.

— sur les loges de Raphaël, par REIFFEMBERG. 1 vol.

— sur les monuments de l'architecture militaire des croisés en Syrie, par REI. 1 vol.

— d'ombres, par LÉVEILLÉ. 1 vol.

— sur l'histoire de l'art, par VITET. 4 vol.

— céramiques (texte), par ZIEGLER. 1 vol.

— céramiques (atlas), par ZIEGLER. 1 vol.

— sur l'histoire universelle, par ARBANERE. 2 vol.

— sur l'épargne, les institutions de prévoyance, par ENGEL-DOLFUS. 1 vol.

— sur Georges Michel, par SENSIER. 1 vol.

— sur sa vie et sur ses œuvres (Simart), par EYRIÈS. 1 vol.

— sur la galerie Oppenheim, par BERGERON. Broch.

— sur les femmes illustres et la société du XVIIe siècle, par VICTOR COUSIN. 2 vol.

— sur le proconsulat de Cicéron, par D'HUGUES. 1 vol.

Europe (Carte d').

Éventails (Histoire des), par BLONDEL. 1 vol.

Éventails (Catalogue de l'exposition des) anglais. 1 vol.
Examen des œuvres du sieur de Sargues, par CURABELLE. 1 vol.
— du tableau des Sabines (École David). Broch.
— du salon de 1864, par DE LA FIZELIÈRE. 1 vol.
— critique du salon de 1845, par LECLERC. Broch.
— critique des principaux hiéroglyphiques, par par THILORIER. 1 vol.
— raisonné des ouvrages de peinture, sculpture et gravure, par DELPECH. Brochure.
Excursion de la Société des amis des sciences de Rouen, par ADELINE. 1 vol.
— en Italie, par LANCE. 1 vol.
Exemples de décorations (anglais). 1 vol.
— d'objets d'art — 2 vol.
— d'architecture — 1 vol.
— de décorations, par GAUCHEREL. 1 vol.
Exercice de dessin linéaire, par BOUILLON. 1 vol.
— français, par CHAPSAL. 1 vol.
Exhibition of art and Industry in Paris 1855. 1 vol.
Expédition au pôle nord, par LAMBERT. 1 vol.
— des Argonautes ou la Conquête de la toison d'or, par APPOLONIUS DE RHODES. 1 vol.
— (Quatre mois de l') de Garibaldi, par DURAND BRAGER. 1 vol.
Expérience sur la main-d'œuvre de différents travaux, par ANCELIN. 1 vol.
Explication des ouvrages de peinture, etc. 1 vol.
— d'un tableau peint sur peau de velin, par BRIÈRE. 1 vol.

Explication du Graphomètre perspectif, par COUTURIER. 1 vol.

— des ouvrages de peinture, gravure, etc.

— exposés au château de Blois. Brochure.

— des ouvrages de peinture, de sculpture du musée du Luxembourg. Brochure.

— des ouvrages de peinture, sculpture, architecture. Exposition 1875. 1 vol.

Explorateur (l') géographique et commercial. Liv.

Exploration (l'), journal des conquêtes de la civilisation de tous les points du globe, par HERTZ. L.

Exposé des travaux de drainage, par BRYAS. 1 vol.

— comparatif de la situation économique en France. Brochure.

Exposition Union centrale 1863. Documents.

— — 1865 —

— — 1869 —

— — 1874 —

— — 1876 —

— 1673 (livret de l') faite dans la cour du Palais-Royal. 1 vol.

— 1793 (livret des), beaux-arts de 1793 à 1877. 50 vol.

— 1806 (Notice sur les objets envoyés à). 1 vol.

— 1819 de 1819 à 1823, 1827, 1834, 1839. 9 vol.

— 1827 (Histoire de l'), par BLANQUI. 1 vol.

— 1838 des arts et de l'industrie à Valenciennes, par RIBEGRE. 1 vol.

1844 Rapport du jury central, 1849 et 51. 20 vol.

Exposition 1844 universelle; produits de l'industrie française. Brochure.

— 1851 de Londres; rapports du jury. 1 vol.

— 1852 First reports of the science and art 1852 à 1867. 27 vol.

— 1854 Lettre de M. Paul Lacroix sur l'exposition belge, par MARONZI DI AGUERRI Brochure.

— 1855 Membres du jury international. Broch.

— 1855 Rapports du jury international. 1 vol.

— 1855 Exposition (de). 1 vol.

— 1855 (Rapport sur l') universelle. 1 vol.

— 1855 (Visite à l').

— 1855 (Visites et études à l'), par le prince NAPOLÉON. 2 vol.

— 1862 universelle; rapport de la commission française. Londres. 3 vol.

— 1862 Recueils de documents officiels. 1 vol.

— 1862 (L'Autriche à), par DERODE. 1 vol.

— 1862 (Tapis et Tapisseries à l') de Londres, par CHOCQUEL. Brochure.

— 1862 Rapports des délégués ouvriers français. 1 vol.

— 1864 (Les Beaux-arts à l') de Toulouse, par NONLENS. Brochure.

— 1865 of the special, portraits miniatures. 1 vol.

— 1865 des insectes (documents). 1 vol.

— 1865 rétrospective, reproduction photographique.

Exposition 1867 (Merveilles de l'), par MESNARD. Brochure.
— 1867 (la classe 94 à l'), par VATTIER. 4 vol.
— 1867, Commissions ouvrières. 1 vol.
— 1867 universelle à Paris, par MARTIAL. 1 vol.
— 1867 (Rapports sur l'). 1 vol.
— 1867 (l'Art décoratif à l'). Brochure.
— 1867 Rapports du jury international. 13 vol.
— 1867 Commission de l'histoire du travail. Rapport, par SOMMERARD. Brochure.
— 1867 Républiques de l'Amérique. 1 vol.
— 1867 Guide de l'exposant et du visiteur. 2 vol.
— 1867 Catalogue général, œuvres d'art. 1 vol.
— 1867 Recueil et documents officiels groupes VI-X. 1 vol.
— 1867 (l'Industrie nationale à l'), par MARCHAND. Brochure.
— 1867 (le Salon à l'), par AUVRAY. Broch.
— 1867 Catalogues des objets exposés. Christophe et Cie. 1 vol.
— 1869 Musée japonais, oriental, par FRANK. 8 vol.
— 1871 à Londres; Rapports France. 2 vol.
— 1872 à Londres, — — 1 vol.
— 1873 (Rapports des délégués ouvriers à l') de Vienne. 2 vol.

Exposition 1874 Rétrospective. Reproductions photographiques. 2 cartons.

— 1874 — de Milan, par COURAJOD. 1 vol.

— 1874 France, œuvres d'art et d'industrie. 1 vol.

— 1874 de Londres. Catalogue de la ville de Paris. 1 vol.

— 1875 de Vienne, rapports français. 4 vol.

— 1875 Les Industries maritimes et fluviales, par LAMY. 1 vol.

— 1875 (Coup d'œil sur l') scolaire de Bruxelles, par JUNCA. Brochure.

— 1876 Union Centrale. 42 tapisseries (photographies). Carton.

— 1876 de Philadelphie, rapports, France. 2 vol.

— 1877 (Documents sur l') des beaux-arts appliqués à l'industrie. Amsterdam. 1 vol.

— 1877 Exposition des beaux-arts appliqués à l'Industrie. Amsterdam. 1 vol.

— 1877 rétrospective de Lyon (catalogue). 2 vol.

— 1878 Guide général et pratique. Broch.

— 1878 (Journal de l'). Liv.

— 1878 illustrée de Philadelphie et de Paris. 1 vol.

— permanente, par COUTEAUX. Brochure.

— (Catalogue de l') spéciale de l'art décoratif à l'aiguille (anglais). 1 vol.

Exposition (Catalogue orné d'illustrations de l'), spécialité d'anciens instruments de musique (anglais). 1 vol.

— des Académies et école des beaux-arts. Brochure.

— de Metz, par Fizelière (de la). Brochure.

— (l') des amis des arts du Limousin, par Louvrier de Lajolais. Brochure.

— (Souvenirs de l') artistique de Meaux. Broch.

— (Album de l') rétrospective des beaux-arts à Tours. 1 vol.

— Le Siége de Paris, exposition de peinture. Brochure.

— (Eugène Lacroix à l') du boulevard des Italiens, par Madelène. Brochure.

— de ses œuvres, par Prudhon. 1 vol.

— des travaux graphiques et plastiques, par Alvin. Brochure.

— — —

— à Valenciennes (compte rendu). Brochure.

— Émaux cloisonnés japonais, par Franck. 1 vol.

— Armes et fragments d'armes, par Franck. 3 vol.

— Métaux et émaux, par Franck. 1 vol.

— Miniatures, reliures, ornements, par Franck. 1 vol.

— Métaux, par Franck. 1 vol.

— Meubles, par Franck. 1 vol.

— Émaux, par Franck. 1 vol.

Exposition, Céramiques, par FRANCK. 1 vol.
— Ensembles, par FRANCK. 1 vol.
— Terres cuites, par FRANCK. 2 vol.
— Bois sculptés, par FRANCK. 1 vol.
— Médailles, jetons, monnaies, par FRANCK. 1 vol.
— Casques, cuirasses, etc., par FRANCK.
— Bronzes, par FRANCK. 1 vol.
— Peintures, dessins, etc., par FRANCK. 1 vol.
— Musée oriental (objets), par FRANCK. 1 vol.
— Musée — porcelaines, Chine, par FRANCK. 1 vol.
— Musée — meubles, tapis, étoffes, Japon, par FRANCK. 1 vol.
— Musée — estampes, par FRANCK. 1 v.
— (Règlements de l') des arts appliqués à l'industrie. Amsterdam. Brochure.
— de broderies à Londres, par BIAIS. Broch.
— (de l') et du jury. Brochure
— — de Constantinople. 1 vol.
— — de Philadelphie (documents), par GRATIOT. 1 vol.
— (Idée première de l') française an V. Brochure.
— industrielle de Philadelphie, par LUTTON. Brochure.
— de Troyes illustrée. 1 vol.
— Recueil des feuilles de souscription. 1 vol.
— des Tableaux des Thermopyles, par DAVID. Brochure.

Exposition de Londres; Rapports du Jury. 6 vol.
— The classed Catalogue, museum anglais. 1 vol.
— Report on the Paris universal exhibition. 1 vol.
— de Londres of the British fine arts collection. 1 vol.
— of the Armour and miscellaneous objects of art. 1 vol.
— Inventory of the Food collection. 1 vol.
— art Directory. 2 vol.
— a guide to the South Kensington museum. 1 vol.
— of the third concluding exhibition of natural portrait. 3 vol.
— of the collection illustrating construction. 2 vol.
— Directory regulation for establishing and conduit. 2 vol.
— Inventory of the objects forming the art collection. 1 vol.
— of the naval model. 2 vol.
— Industrielle, abus et réformes, par Huart. Brochure.
— des travaux des classes ouvrières, par Laury. Brochure.
— d'art au XIXe siècle, par Maret le Riche. Brochure.
— (Impression et souvenir de l') rétrospective de Nancy, par Anguin. 1 vol.

Exposition (quelques idées sur l') universelle en France, par COUDER. Brochure.
— Catalogue spécial de l'art décoratif à l'aiguille (anglais). 1 vol.
— de Philadelphie. Notice sur les modèles des ponts et chaussées et des mines. 1 vol.
— de Vienne. Liste des récompenses. 1 vol.
— (Rapport sur l') de Dunkerque, par DERODE. Brochure.
— (Les annales de l') du Havre, par RIBEYRE. 1 vol.
— (Souvenir de l') Union centrale, par DUTRUIL. Brochure.
— (Distribution des prix de la cinquième) de l'Union centrale (trad. anglaise). 1 vol.
— rétrospective de Tours, beaux-arts (album de l'). 1 vol.
— (Album illustré des) françaises et étrangères. 1 vol.
— (Création d'une) universelle, permanente, par GAVINET. Brochure.
— universelle de Vienne; produits industriels, France. 1 vol.

F

Fables, par Mme DOUILLON. 1 vol.
Fabrication de cachemires français, par DENEYROUSSE. 1 vol.

Fabrication de châles. Composition sur papier verni, par SAJOU. 1 vol.
— (Traité sur la) du châle des Indes. 1 vol.
— (Nouveau traité sur la) des draps, par SORET. 1 vol.
Fabrique (la), la ferme et l'atelier (Revue). 1 vol.
— (l'Album de la), par BERGER. 3 vol.
Fac-simile, par LEROY. Carton.
— (Planche et) de reliure, par GROLIER. Carton.
— du siége de Constantine, par HORACE VERNET. Brochure.
Faïence (la) et les faïenciers de Nevers, par DUBROC DE SEGANGE. 1 vol.
— d'oiron, FILON. 1 vol.
— (Notices des) françaises et objets de bronze, par CLÉMENT DE RIS. 2 vol.
— (Recueil de) italiennes des XVe, XVIe et XVIIe siècles, par DELANGE. 1 vol.
— (la Manufacture de) de Quimper, par LE MEN. Brochure.
— Bernard Palissy, par TEINTURIER. 1 vol.
— (Guide de l'amateur de) et porcelaines, par DEMMIN. 1 vol.
— (Histoire des) patriotiques, sous la révolution, par CHAMPFLEURY. 1 vol.
— Poteries et porcelaines (anglais). 2 brochures.
— Recherches historiques (sur les) de Sainceny, etc., par WARMONT. 1 vol.
Famille (la), par FIRMIN-DIDOT. Brochure.

Fastes consulaires, par PIRANESI. 1 vol.

Fées (les) du moyen âge, par MAURY. 1 vol.

— (les Contes de) (album), par FRANCK. 8 vol.

Fers. (Essai sur l'emploi des) fers à double T, par ROUVENAT. 1 vol.

Ferronnerie (modèles de), par PUGIN. 1 vol.

Fêtes célèbres à Chartres, par CHAVIGNERIE (DE LA). Brochure.

— données par la ville de Strasbourg les 22 et 23 janvier 1806. 1 vol.

— de la mutualité, par SÈVE. Brochure.

Figures décoratives de Raphaël. Carton.

— (Recueil de) allégoriques, par FÉLIX. Broch.

Fleurs de fantaisies, par MAUCHERAT. 1 vol.

— (album de plantes et de), par CHABAL. 2 vol.

— Feuillages et fruits (fantaisies). Carton.

— photographiées, par CHAUVIGNÉ. Carton.

— Ferrari di fiori, italien. 1 vol.

— Les Roses, par REDOUTÉ ET THORY. 3 vol.

— (Ornements de), par PILLEMONT. Carte.

— en papier (Traité des). 1 vol.

— (Photographies de), par BRAUN. 1 vol.

— Les promenades de Paris, par ALPHAND. 1 vol.

— Journal des Roses, par COCHET. Brochure.

Flore ornementale, par RUPRICH-ROBERT. 1 vol.

Fondation du collége des beaux-arts appliqués à l'industrie. 1 vol.

Fonderie celtique (Découverte d'une). Brochure.

Fontaines publiques, par VISCONTI. Carton.

Fontainebleau, par DENECOURT. 1 vol.

5

Fontainebleau du voyageur, par DENECOURT. Brochure.
— son Palais, ses jardins, sa forêt, par JOUANNE. 1 vol.
Fonte (diverses résistances de la), par LOVVE. 1 vol.
Fragment du poëme de Saint-Martial, par l'abbé ARBELOT. 1 vol.
— antique de sculpture, par PERCIER ET FONTAINE. 1 vol.
— d'un mémoire inédit au VIe siècle, par LECLERC-DUPIN. Brochure.
France (la) historique. Brochure.
Francius Columma, par NODIER CHARLES. 1 vol.
Frères (les) le Nain, par CHAMPFLEURY. 1 vol.
Frises du palais du T..... Gravures anciennes, par JULES ROMAIN. 1 vol.
Funéraire (l'art) moderne (coupe et élévation), par BOUSSARD. Carton.
— (architecture contemporaine), par César DALY. 1 vol.
Furies (les), par WINCKLER. 1 vol.
Fusain (le), par LALANNE. 1 vol.

G

Galerie de Firenze, par GOTTI. 1 vol.
— des antiques, musée central des arts. 1 vol.
— Bonaparte. 1 vol.
— Du Palais du Luxembourg. 1 vol.
— Électorale de Dusseldorf. 2 vol.

Galerie (grande) de Versailles. 1 vol.
— œuvres complètes de Raphaël Sanzio. 4 vol.
— — de Michel-Ange. 1 vol.
— Œuvres choisies de Francesco Albani dit l'Albane. 1 vol.
— — de Nicolas Poussin. 2 vol.
— — complètes du Corrège. 1 vol.
— — d'Eustache Lesueur. 1 vol.
— — choisies des peintres de l'antiquité. 1 vol.
— — complètes du Dominicain. 1 vol.
— des artistes anglais, par HAMILTON. 3 vol.
— historique et critique du XIXe siècle, par LANZAC. Brochure.
— mythologique, par PAUL DELAROCHE. 1 vol.
— des contemporains illustres, par UN HOMME DE RIEN. 1 vol.
— Vandenschrisch, par WOLFERS. 1 vol.
— (sa) antique, — POURTALÈS. Carton.
— notice (des) antiques, statues, bustes. Broch.
— de la Sainte-Chapelle du Palais, par DECLOUX ET DOURY. 1 vol.
— indicateur de la galerie de tableaux du Palais-Royal. 1 vol.
— observation sur la notice de la galerie antique, par un AMATEUR. 1 vol.
— (Notice sur la) d'Apollon, par de CHENNEVIÈRES. Brochure.
— (Catalogue de l'art anglais et la) nationale. 1 vol.

Gisors, par ADELINE. Brochure.
Glaces de Venise, par MARCHAND. Brochure.
Glossarium mediæ et infimæ latinitatis. 7 vol
GOTHIQUE (du genre), par MAUD'HUI. 1 vol.
Goupillon (le), par BOISSONADE.
Grammaire de l'ornement (anglais), par JONES-OVEN. 1 vol.
— abrégée du grec actuel, par RHANGABÉ. 1 vol.
— de la langue française, par LEMAIRE. 1 vol.
— des arts du dessin, par CHARLES BLANC. 1 vol.
— élémentaire du dessin, par CERNESSON. 1 vol.
— (Éléments de la) du dessin, par GÉLIBERT. Brochure.
Graver (Art de) à l'eau-forte et au burin, par BOSSE. 1 vol.
— (Électrographie ou nouvel art de), par DEVIENEENZI. Brochure.
Graveurs (Dictionnaire des), par BASAN. 2 vol.
— (les) Troyens, par CORRARD DE BREBAN. 1 vol.
— sur verres, par DOPTER. 1 vol.
— séjour de Jacques Callot à Bruxelles, par ALVIN. Brochure.
— Jonas Suiderkaf; son œuvre gravé, par HYMANS. Brochure.
— (Notice sur Jacques Guay) sur pierres fines du roi Louis XV, par LETURCQ. 1 vol.
Gravures, par BELLOT. Carton.
— La Maîtresse du Titien, par DANGUIN. Planche

Gravure Le Christ de Philippe de Champagne, par ROSELLO. Planche.

— La Stratonice d'Ingres, par FLAMENG. Planche.

- L'Adoration des mages, Bernardino Luini, par LEVASSEUR. Planche.

.. Sébastien del Piombo, Rosso, par SALMON. Planche.

— L'adoration des Bergers, Bernardino Luini, par HAUSSOULLIER. Planche.

— la Poésie, la Renommée et la Vérité, Corrège, par ROUSSEAUX. Planche.

— Jésus portant sa Croix. Le Sueur, par BERTINOT. Planche.

— le Songe du Chevalier, Raphaël, par DANGUIN. Planche.

— la Vierge à l'œillet, — , par MARTINET. Planche.

— un Portrait de femme, Rembrandt, par DANGUIN. Planche.

— l'Abondance, Raphaël, par DIDIER. Planche.

— le Mariage mystique de sainte Catherine, Memling, par A. FRANCOIS. Planche.

— le Portrait de Mgr Darboy, Lehmann, par BERTINOT. Planche.

— l'Ame, Prudhon, par DIDIER. Planche.

— Mme de Sévigné, Nanteuil, par ROUSSEAUX. Planche.

— l'Amour sacré et l'Amour profane, Raphaël, par JACQUET. Planche.

Gravure le Jugement du prix de l'arc, Vanderhelst, par HUOT. Planche.

— Sainte Catherine, par HUOT. Planche.

— la Leçon de musique, Metzu, par MORSE. Planche.

— l'Ensevelissement de Jésus-Christ, par DANGUIN. Planche.

— Figure décorative de l'Enfant nu. Raphaël, par JACQUET. Planche.

— Jésus-Christ, la Sainte Vierge, etc., par HENRIQUEL. Planche.

— Jésus-Christ apparaît à la Madeleine. Le Sueur, par MARTINET. Planche.

— le Ravissement de saint Paul. Poussin, par LEVASSEUR. Planche.

— (Notice historique sur l'art de la), par CH. Brochure.

— (Merveilles de la), par DUPLESSIS. 1 vol.

— (Essai sur l'histoire de la) sur bois, par FIRMIN-DIDOT. 1 vol.

— tirées de l'Iliade et de l'Odyssée, etc., par FLAXMAN. 4 vol.

— un lot de 7 gravures, par FOUCHÉ. Carton.

— de modes. Carton.

— anciennes et modernes. Carton.

— diverses. 2 cartons.

— anglaises. Carte.

— lithographies, photographies. Carton.

— (27). De l'ornement des livres, par GUILLAUME LIBRI. Carton.

Gravure Jonas Suyderkœf, son œuvre gravé, par HYMANS. Brochure.

— Son œuvre gravé, par DAUBIGNY. 1 vol.

— (Histoire de la), par JANSAN. 2 vol.

— (Cinq) photographiées (voitures), par KELMER. 1 vol.

— (Traité de la) à l'eau-forte, par LALANNE. 1 vol.

— (Recueil de) au trait, par LEBRUN. 1 vol.

— L'Illustration nouvelle, gravure à l'eau-forte. 2 vol.

— Notice sur Jacques Guay, graveur sur pierres fines du roy Louis XV, par LETURCQ. 1 vol.

— Ornements et lithographies. Carton.

— (Lettres sur la) à l'eau-forte, par POTEMONT. 1 vol.

— et lithographies, ornements, par REYNARD. 1 vol.

— d'ornements (motifs, chiffres), par RIESTER. 1 vol.

— d'ornements, par RIESTER. Carton.

— œuvres gravées, de ROSA BONHEUR. 1 vol.

— Anciennes frises du palais du T., par ROMAIN. 1 vol.

— reproductions de tableaux de maîtres. 1 vol.

— diverses, par STELLA ANTHOMETTI. Carton.

— (Société française de), statues. Brochure.

— — (compte rendu). Brochure.

Gravure (14), Tableaux de maîtres. Carton.
— (825), un lot de lithographies. Carton.
— d'ornements et figures, par VARIN. 1 vol.
— (huit), par DE VOS. Carton.
— et lithographies, par GUESSIN. Carton.
— diverses, par PIRANESI. 1 vol.
— Œuvres de Jean Goujon gravées par RÉVEIL. 1 vol.

Great exhibition of 1851. Brochure.
Grèce (Lettres sur la), par SAVARY, 1 vol.
— (Voyages en), par YEMENIZ. 1 vol.
Grèce (Temps historiques de la), par BEHR. 1 vol.
Grecque (Sculpture) et romaine. 1 vol.
Guerre (la), par DUMESNIL. 1 vol.
— (la) au point de vue du christianisme et du bons sens, par REYMOND. Brochure.
Grèves (les) et la loi sur les coalitions, par BARBERET. 1 vol.
Guide de l'Inventeur, par ARMENGAUD. 1 vol.
— de Paris à Caen, par ENAULT. 1 vol.
— de l'artiste et de l'amateur. 2 vol.
— des amateurs de tableaux, par GAULT DE SAINT-GERMAIN. 2 vol.
— des voyageurs à Amsterdam. 1 vol.
— des voyageurs à Londres. 1 vol.
— des voyageurs à Gand. 1 vol.
— des Arts et métiers 1869. 1 vol.
— du jardin zoologique d'acclimatation. 1 vol.
— du touriste et du baigneur. Brochure.
— de Paris à Bordeaux, par JOUANNE. 1 vol.

Guide de Paris à Lyon et à Auxerre, par JOUANNE. 1 vol.
— populaire dans les musées du Louvre, par de MARCY. 1 vol.
— Sajou. Seul ouvrage complet des ouvrages de Dames, par SAJOU. 4 vol.
— (Le) du bonheur, ou recueil de pensées, maximes et prières, par FRANKLIN. 1 vol.
— de Paris au Havre, par CHAPUS. 1 vol.
— (Nouveau) pittoresque du voyageur à Dijon, par GOUSSARD. 1 vol.
— To a stranger in Hyde Park. Brochure.
— général et pratique, exp. univ. 1878. Brochure.

H

Habitations des classes ouvrières, par ROBERTS. 1 vol.
Habits, mœurs, cérémonies, façons de faire anciennes et modernes. 1 vol.
Harmonie de l'architecture nouvelle, par LAGOUT. Brochure.
— comparée des sons et des couleurs. Broch.
— (les) du coloris en rapport avec les harmonies musicales. Brochure.
Hémicycle du palais des Beaux-Arts, par PAUL DELAROCHE. Brochure.
Herculanum et Pompéï, par ROUX. 8 vol.
— (Théâtre d'), par PIRANESI. 1 vol.
Hippique (Société) française. Brochure.
Histoire de l'église de Chartres. 1 vol.

Histoire de Michel-Ange. Sa vie et ses ouvrages, par QUATREMÈRE DE QUINCY. 1 vol.

— de l'Art, par ROCHETTE. 1 vol.

— de l'Art chez les anciens, par WINCKELMANN, 2 vol.

— — traduit de l'allemand, par WINCKELMANN. 2 vol.

— de l'Architecture classique, par VITET. 1 vol.

— des Temples du pays des Juifs, par l'abbé BALLET. 1 vol.

— des peintres (École anglaise), par BURGET. 1 vol.

— École hollandaise, par CHARLES BLANC. 2 vol.

— École flamande, par CHARLES BLANC. 1 vol.

— École française, par CHARLES BLANC. 3 vol.

— École anglaise, par CHARLES BLANC. 1 vol.

— École bolonaise, par CHARLES BLANC. 1 vol.

— École vénitienne, par CHARLES BLANC. 1 vol.

— École florentine, par CHARLES BLANC. 1 vol.

— École ombrienne et romaine, par CHARLES BLANC. 1 vol.

— École milanaise, lombarde, Ferraraise, génoise et napolitaine, par CHARLES BLANC.

— de l'Art du paysage, par DEPERTHE. 1 vol.

— de la peinture en Italie, par LANZI. 5 vol.

— de la peinture sur verre (texte et atlas), par LEVY. 2 vol.

— de la sculpture avant Phidias, par BEULÉ. Brochure.

Histoire de la sculpture française, par DAVID ÉMERIC. 1 vol.

— de la disposition des temples chrétiens, par LE ROY. Brochure.

— de la gravure, par JANSEN. 2 vol.

— des éventails, par BLONDEL. 1 vol.

— du vêtement au XIXe siècle (hommes). 1 vol.

— de la peinture en cire. Brochure.

— de la porcelaine, par JACQUEMART et LEBLANC. 1 vol.

— des arts industriels au moyen âge (texte), par LABARTE. 4 vol.

— — (album), par LABARTE. 2 vol.

— du journal le Joaillier, par AUBRIOT. 1 vol.

— naturelle des cornes, par ELOFFE. 1 vol.

— du tulle, par FERGUSON. 1 vol.

— de l'horlogerie. 1 vol.

— de l'imprimerie. 1 vol.

— de la dentelle. 1 vol.

— de la céramique, par JACQUEMART. 1 vol.

— du travail, par DE LASTEYRIE. 1 vol.

— de l'orfévrerie, par DE LASTEYRIE. 1 vol.

— de l'imprimerie, par PAUL LACROIX. 1 vol.

— de l'industrie française, par LOUANDRE. 2 vol.

— romaine à Rome, par AMPÈRE. 4 vol.

— (Études sur l') universelle, par ARBANERE. 2 vol.

— universelle, par BOSSUET. 1 vol.

— History of lace (anglais), par Mme BURY PALLISER. 1 vol.

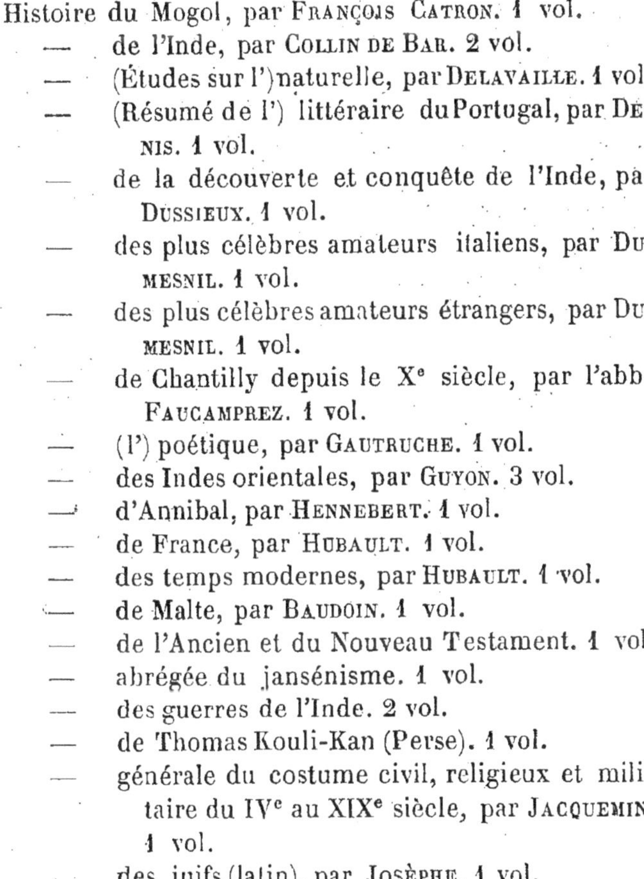

Histoire du Mogol, par François Catron. 1 vol.
— de l'Inde, par Collin de Bar. 2 vol.
— (Études sur l')naturelle, par Delavaille. 1 vol.
— (Résumé de l') littéraire du Portugal, par Denis. 1 vol.
— de la découverte et conquête de l'Inde, par Dussieux. 1 vol.
— des plus célèbres amateurs italiens, par Dumesnil. 1 vol.
— des plus célèbres amateurs étrangers, par Dumesnil. 1 vol.
— de Chantilly depuis le Xe siècle, par l'abbé Faucamprez. 1 vol.
— (l') poétique, par Gautruche. 1 vol.
— des Indes orientales, par Guyon. 3 vol.
— d'Annibal, par Hennebert. 1 vol.
— de France, par Hubault. 1 vol.
— des temps modernes, par Hubault. 1 vol.
— de Malte, par Baudoin. 1 vol.
— de l'Ancien et du Nouveau Testament. 1 vol.
— abrégée du jansénisme. 1 vol.
— des guerres de l'Inde. 2 vol.
— de Thomas Kouli-Kan (Perse). 1 vol.
— générale du costume civil, religieux et militaire du IVe au XIXe siècle, par Jacquemin. 1 vol.
— des juifs (latin), par Josèphe. 1 vol.
— des pirates anglais, par Johnson. 1 vol.
— de Scanderberg, par de Lavardin. 2 vol.
— du Christianisme des Indes, par La Croze. 2 v.

Histoire des massacres de Syrie, par LENORMAND. Brochure.

— (Aperçu de l'), ancienne d'Égypte par MARIETTE. Brochure.

— héroïque, par MILLIN. 1 vol.

— sacrée, par MOTTET. 1 vol.

— des Aventuriers flibustiers, par ŒXMELIN. 1 vol.

— (Précis de l') de l'Indoustan, par PASQUIER. 1 vol.

— Belgique et Hollande, par RICHARD. 1 vol.

— d'Hérodote, par Talbot. 1 vol.

— (son), par THOMAS KOLIN-KAN. 1 vol.

— de la campagne de l'Inde par l'escadre française, par TRUBLET. 1 vol.

— de l'instruction publique, par VALLET DE VIRIVILLE. 1 vol.

— Jacques Cœur, par VALLET DE VIRIVILLE. Brochure.

— La France, l'Empire et la Papauté, par VILLEMAIN. Brochure.

— Joinville, Saint Louis et le XIIIe siècle, par VITET. Brochure.

— de l'hospice de l'Antiquaille de Lyon, par ACHARD-JAMES. 1 vol.

— Abraham Munting. 1 vol.

— du culte de sainte Geneviève, par BEDOUET. 1 vol.

— des faïences patriotiques sous la révolution, par CHAMPFLEURY. 1 vol.

Histoire vraie des vrais bohémiens, par VAILLANT. 1 vol.

— Belain d'Esnambuc et les Normands aux Antilles. 1 vol.

— Récit historique de Vercingétorix à Henri IV, par HUBAULT. 1 vol.

— M. Ballanche, par LENORMAND. Brochure.

— M. de Chateaubriand, par LENORMAND. Brochure.

— Plutarque français, par MENNECHET. 8 vol.

— Adolphe Lace, sa vie et ses œuvres, par DE MONTAIGLON. 1 vol.

— de l'Exposition 1827, par BLANQUI. 1 vol.

— générale de Paris. 15 vol.

— de Rouen, par LIQUET. 1 vol.

— des artistes vivants français et étrangers, par SILVESTRE. 1 vol.

— élémentaire des minéraux usuels, par REYNAUD. 1 vol.

— et description des vitraux de la cathédrale de Reims, par TOURNEUR. 1 vol.

— de la caricature, par WRITGHT. 1 vol.

— et monuments des Normands et de la maison de Souabe en Italie, par HUILLARD, 1 vol.

— du Costume en France, par QUICHERAT. 1 vol.

— (Monuments de l') de France, par HENNIN. 1 vol.

— Caen (Précis de son), par TREBUSTIEN. 1 vol.

— Rivalité de François Ier et de Charles-Quint, par MIGNET. 2 vol.

— Henri IV et sa politique, par LACOMBE. 1 vol.

Histoire. Louis XIII et Richelieu. Étude historique, par Topin. 1 vol.

— L'Europe et les Bourbons sous Louis XIV, par Topin. 1 vol.

— Les Volontaires 1791-1794, par Rousset. 1 vol.

— Saint Anselme de Cantorbéry. Tableau de la vie domestique, par Rémusat. 1 vol.

— Saint Jean Chrysostome et l'impératrice Eudoxie, par Thierry. 1 vol.

— Derniers temps de l'empire d'Occident, par Thierry. 1 vol.

— de l'art grec avant Périclès, par Beulé. 1 vol.

— de la société française pendant la révolution, par de Goncourt. 1 vol.

— de la société française pendant le Directoire, par de Goncourt. 1 vol.

— du château de Blois, par de la Saussaye. 1 vol.

— des artistes vivants français, par Silvestre. 1 v.

— de la formation de la langue française, par Ampère. 1 vol.

— de la langue française, par Littré. 2 vol.

— Jacques Cœur, par Vallet de Viriville. Broch.

— des châteaux et demeures féodales de l'Europe, par M. B. S. 1 vol.

Historique du journal le Joaillier, par Ambriot. 1 vol.

— de la maison Goëlzet, par Vuillermedunand. 1 vol.

Hommage au duc de Bordeaux par la garde nationale de Paris, par Capelle, 1 vol.

Hommes (les) du coloris, par Regard.

Horlogerie (Lettres sur les fabriques d'), par DUBOIS.
(Histoire de l'). 1 vol.
Hôtel Carnavalet (Notice historique sur l'), par VERDOT. 1 vol.
— de ville de Paris, par CALLIAT. 2 vol.
Humidité (l') combattue, par CANDRELIER. 1 vol.
Hygiène des gens nerveux, par FASCE. Brochure.
— (Notice sur l'), la salubrité publique, etc., par RENARD. Brochure.
Hygiénique.

I

Iconographie du costume, par JACQUEMIN. 2 vol.
— des Impressions romaines, par PAUL DELAROCHE. 1 vol.
— du Costume du IVe au XIXe siècle (315 à 1815), par JACQUEMIN. Cartons.
Idées sur l'Exposition universelle en France, par COUDER. 1 vol.
— générale de l'Art, par GUILLAUME. 1 vol.
— générale d'un enseignement élémentaire des beaux-arts, par GUILLAUME. Brochure.
— première de l'exposition an V de la République. Brochure.
Illustration nouvelle. Peinture et gravure à l'eau-forte. 2 vol.
Illustre (l') paysan, ou Mémoires du D. Moginié, par JUVENAL. 1 vol.

Images (les) ou médailles de tous les empereurs, depuis Jules César, par GOLTZIUS. 1 vol.

Importance (de l') dont Paris est à la France, par DE FONTENELLE. Brochure.

Impressions commerciales, par GASTÉ. 1 vol.

— sur étoffes. 1 vol.

— sur mousselines, laines et barèges. Carton.

— et souvenirs de l'exposition rétrospective de Nancy, par AUGUIN. 1 vol.

— (Observation sur l') des fonds propres à recevoir les peintures, par REY.

Imprimerie (Origine de l'), Paris, 1694. 1 vol.

— (Histoire de l'). 1 vol.

— (Histoire de l'), par PAUL LACROIX. 1 vol.

— (L'origine de l'), de Paris, par CHEVILLIER. 1 vol.

Incendie du Conseil d'État (un coin du tableau 1871), par NOEL. Brochure.

Indes (Voyage dans les), par ALEP. 2 vol.

— (Voyage aux) orientales. par GROS. 1 vol.

— (Histoire des guerres de l'). 2 vol.

— (Voyage aux grandes), par LUILLIER. 1 vol.

Indicateur de la galerie de tableaux du Palais-Royal. 1 vol.

— du concours régional agricole de Saint-Quentin. 1 vol.

— international universel, par GUERBER. 2 vol.

Indiens (Catalogue de sujets d'art) (anglais). 1 vol.

— (les) ou Tipon-Sultan, par HASTINGS. 1 vol

Indiennes, modèles imprimés. 2 vol.

Indiennes (Échantillons d'). Carton.

Industrie (l') dentellière, par CHEVALLIER BALME. 1 vol.

— française, par CHAPTAL. 1 vol.

— maritime et fluviale, exposition 1875, par LAMY. 1 vol.

— nationale à l'exposition 1867, par MARCHAND. Brochure.

— artistique, par BLANDIN. 1 vol.

— (Mémoire sur l'), par COSTAZ. 1 vol.

— (Grande) française (service maritime). 1 vol.

— d'art, revue illustrée, par GUICHARD. Livr.

— (les grandes) de France, par MARCHETTI. Livr.

Influence de la pesanteur, par BOURDON. 1 vol.

— de l'Industrie sur les beaux-arts, par VAN-DEN-BOORN. 1 vol.

Ingres, sa vie et ses œuvres, par CHARLES BLANC. 1 vol.

Inondations (des) en France depuis le VIe siècle, par CHAMPION. 6 vol.

Inspiration du dessinateur de fabrique, par RACINET. Carton.

Instituteur (l') de Saint-Martin. 1 vol.

Institution du Comité historique des arts et monuments. 2 vol.

— Fleury. Brochure.

— des Diaconesses des églises de France. Brochure.

— secondaire et École professionnelle, par ROSSAT. Brochure.

Institut des provinces de France (Bulletin). 1 vol.

Instruction (l') sur l'appareil Hughes, par BELLET. 1 vol.

Italienne (Peinture), par HUARD. 1 vol.
Itinéraire archéologique de Paris, par GUILHERMY. 1 vol.
— de l'Espagne et du Portugal, par GERMOND DE LAVIGNE. 1 vol.
— de l'artiste dans les églises de Paris. Brochure.
— de Paris à Marseille (chemin de fer), par RICHARD. 1 vol.
— d'Italie (italien). 1 vol.
Ivoires anciens et du moyen âge (anglais), par MASKELL. 1 vol.
— anglais. Brochure.
— (Notice sur l') coulée, par ROUVIER-PAILLARD. Brochure.
— (Notice des), par SAUZAY. Brochure.
— (Reproduction d') au musée Kensington anglais. 1 vol.

J

Jacques Cœur, par VALLET DE VIRIVILLE. Brochure.
Jansénisme (Histoire abrégée du). 1 vol.
Japon (le), par DUPIN. 1 vol.
— (Porcelaines de Chine et du), Musée oriental, par FRANCK. 1 vol.
Japonais (Émaux cloisonnés) (photographie), par FRANCK. 1 vol.
— Musée oriental, exposition 1869 — , par FRANCK. 8 vol.

Jardins Chinois. 1 vol.
— (l'Art des), par CHOULOT COMTE. 2 vol.
— Plans raisonnés de toutes espèces de), par THOUIN. 1 vol.
— (Théorie du). 1 vol.
— Théorie pratique du jardinage. 1 vol.
Jean Godefroy, peintre et graveur, par JACOB. 1 vol.
Jeanne d'Arc (Quelques observations sur), par VEEL. Brochure.
— (les Trois statues de), par LÉON DUPONT. 1 vol.
Jehan Fouquet, par VALLET DE VIRIVILLE. 1 vol.
Jerrold. The Children of Lutecia, par BLANCHARD. 2 vol.
Johannot (les), par LENORMAND. Brochure.
Joinville, Saint Louis et le XIIIe siècle, par VITET. Br.
Jonas-Suiderkaf, son œuvre gravé, par HYMANS. Broch.
Joseph Vernet, sa vie, par LAGRANGE. Brochure.
Journal des connaissances médicales, par CAFFE ET CORNIL. 1 vol.
— des Bibliothèques populaires. Brochure.
— d'éducation populaire. Brochure.
— des artistes et des amateurs. Brochure.
— des beaux-arts et de la littérature. Brochure.
— spécial des lettres et des beaux-arts. Broch.
— des artistes (revue pittoresque). 2 vol.
— de menuiserie. 1 vol.
— du progrès (anglais). 2 vol.
— des haras. Brochure.
— du musée d'instruction et d'éducation (italien). Brochure.

Journal de menuiserie, par MANGEANT. 1 vol.
— de Rosalba Carriéra, par SENSIER. 1 vol.
— Journaux chez les Romains, par VIET LE CLERC. 1 vol.
— de la France, par l'abbé VALEROT. Broch.
— la Tribune des artistes, par JACQUEMART. 3 vol.
— mensuel des travaux de l'Académie nationale, par AYMAN BRESSON. 2 vol.
— des Arts. Brochure.
— la Semaine des constructeurs, par DALLY. Brochure.
— l'Exposition universelle de 1878. Liv.
— (Histoire du) le Joaillier, par AUBRIOT. 1 vol.
— la Semaine des constructeurs, par CÉSAR DALY. Liv.
— (Petit) des familles, par ROLAND. Brochure.
— d'Agriculture progressive, par VIANNE. Broch.
Juridiction (la) consulaire de Paris 1563-1792, par DENIÈRE. 1 vol.

L

L'alliance de l'art et de l'industrie, par ALVIN. 1 vol.
Lance (Adolphe), sa vie et ses œuvres, par MONTAIGLON (DE). 1 vol.
Laocoon (du) ou des limites respectives de la poésie et de la peinture, par LESSING. 1 vol.
Leçons de Céramique, par SALVETAT. 2 vol.
— (la) de dessin, par DENIZARD. 1 vol.

Lecture XIX, par DIGBY WYATT. Brochure.
— XX, par OWEN-JONE. Brochure.
Légende (la) de Cadmus, par LENORMAND. Brochure.
— (la) dorée, par VORAGINE (DE). 2 vol.
Législation française et belge, littéraire et artistique, par DELALAIN. 1 vol.
— (la) de l'Instruction primaire en France depuis 1789 jusqu'à nos jours, par GRÉARD. 3 vol.
— économique des Antilles françaises, par LEPELLETIER DE SAINT-RÉMY. Brochure.
Léopold Robert, d'après sa correspondance inédite, par CLÉMENT CHARLES. 1 vol.
Lettres di Rafaèllo d'Urbino a Papa Leone X, par VISCONTI. 1 vol.
— sur l'Italie, par CHARLES DE BROSSES. 3 vol.
— à M. Adrien Longpérier, par CAMPANARI. 1 vol.
— à M. Horace Sery, par CALLON. Brochure.
— des Écoles primaires, par Mlle CARÉ. Broch.
— sur le Bengale, par DEVILLE. 1 vol.
— d'un antiquaire à un artiste, par LETRONNE. 1 vol.
— d'un Antiquaire à un artiste (appendice), par LETRONNE. 1 vol.
— sur l'Italie. 2 vol.
— de Mme la marquise de Pompadour. 2 vol.
— sur la peinture, la sculpture et l'architecture. 1 vol.
— du Poussin. 1 vol.

Lettres sur la gravure à l'eau-forte, par POTEMONT. 1 vol.
— sur l'enlèvement des ouvrages de l'art antique, par QUATREMÈRE DE QUINCY. 1 vol.
— inédites du peintre Gorodet-Trisson, par RAVAULT. 1 vol.
— sur la Grèce, par SAVARY. 1 vol.
— chiffres et armes, par SILVESTRE et PAILLET. 1 vol.
— adressées d'Allemagne à M. A. Lance, par VIOLLET LE DUC. 1 vol.
— sur la Sicile, par VIOLLET LE DUC. Brochure.
— de M. de.... sur l'art d'écrire, par VALLIN. 1 vol.
— inédites du peintre Giraudet Trioson, par BELLIER DE LA CHAVIGNERIE. Brochure.
— Album de chiffres, par DEMENGEOT. 1 vol.
— à M. Vitet, par LENORMAND. Brochure.
— sociales et providentielles, par MEDIUS. 1 vol.
Liberté (la) de penser, par GAUSSIN. Brochure.
— (de la). Ce qu'on appelle la liberté est, en général, la liberté de mal faire, par GAUSSIN. Brochure.
Libraire (le Magasin du), par CHARPENTIER. Liv.
Librairie de Jean duc de Berry, (1416), par DE BEAUVOIR. Liv.
Liste des œuvres d'art exposées par la ville de Paris 1874. 1 vol.
Lithographie, collection Parquez. 1 vol.
Littéraire.

Littérature italienne, par TIRABOSCHI. 11 vol.
Livre de portraiture pour dessiner, par LEBRUN. 1 vol.
— — par COUSIN DE MAISTRE.
— (les dix) d'architecture, par TARDIER ET COUSIN. 1 vol.
— et manuscrits 1875 (anglais). 2 vol.
Livrets des expositions des beaux-arts de 1793 à 1875. 50 vol.
— Guide de la ville de Chartres. Brochure.
— (le) de l'exposition faite en 1673 dans la cour du Palais-Royal, par de MONTAIGLON. 1 vol.
L'ombre du grand Colbert, réflexion sur la peinture, par VIRG. 1 vol.
Longévité (la) humaine, par BURGRAVE. 1 vol.
Loges (les) de Raphaël. 1 vol.
Loi du contraste simultané des couleurs, par CHEVREUL. 1 vol.
— (une) électorale basée sur le mérite. Brochure.
— (Recueil général des anciennes) françaises, par ISAMBERT. 1 vol.
Louis David, son école et son temps, par DELECLUZE. 1 vol.
Louvre (le) et ses musées, par RENOUARD. 1 vol.
— (le), par VITET. Brochure.
Lumière (la) et les couleurs, par GUILLEMIN. 1 vol.
Lune (la), par GUILLEMIN. 1 vol.
Lutte (la) industrielle des peuples, par ANDIGANNE. 1 vol.
— (la) sociale et la richesse, par GAUSSEN. Broch.
Lyon (de) à la Méditerranée, par BERNARD. 1 vol.

M

Machines (album de), par PERIN. Carte.
Magasin des arts et de l'industrie. 1 vol.
— (le) du libraire, par CHARPENTIER. Liv.
Magnificence (la) des Romains, par PIRANESI. 1 vol
Mairie de l'Élysée, caisse des Écoles. Brochure.
Maisons et monuments de Pompéï. 2 vol.
— de plaisance en 1737, par BLONDEL. 2 vol.
— de santé protestante pour hommes. Broch.
— Royales. Mémoire, par FALIBIEN. 1 vol.
— (Agriculture et) rustique, par CHARLES ÉTIENNE. 1 vol.
Majoliques Mailica (anglais), par DRURY. 1 vol.
— (anglais). Brochure.
Maladies de poitrine (conseils à suivre), par HOGEL. 2 vol.
Manuel des jeunes artistes, par BOUVIER. 1 vol.
— d'optique, par BOURGEOIS. 2 vol.
— du conducteur du chemin de fer, par BIOT. 1 vol.
— du Libraire. Nouveau dictionnaire bibliographique, par BRUNET. 6 vol.
— pratique de Télégraphie électrique, par COUDRAY. 1 vol.
— du dessinateur lithographe, par ENGELMANN. 1 vol.
— d'histoire ancienne de l'Orient, par LENORMAND. 2 vol.

Manuel de la peinture sur verre, par MAGNIER. 2 vol.
— du porcelainier, par MAGNIER. 2 vol.
— du coloriste, par PERROT. 1 vol.
— des poids et mesures, par TARBÉ DES SABLONS. 1 vol.
— de l'histoire de la peinture, par WAAGEN. 3 vol.
— de la Dame de Charité ; du brancardier et de l'infirmier, par le Dr CHENU. 2 vol.
— de la Collection spéciale des appareils scientifiques. 1 vol.
— géométrique du tapissier (texte), par VERDELET. 1 vol.
— — (atlas), par VERDELET. 1 vol.
— de la peinture sur verre, par REBOULLEAU. 1 vol.
Manufacture Ginori à Docia. Brochure.
— d'orfévrerie, par VEYRAT. Carton.
— (la) de faïence de Quimper, par LE MEN. Brochure.
Manuscrit anglo-saxon, par WESTROOD. Carton.
— précieux, par VALLET DE VIRIVILLE. 1 vol.
— Description raisonnée (d'anciens), par TECHENER. 1 vol.
Marcus Foster, texte allemand 1715. 1 vol.
Marques typographiques, par SILVESTRE. 1 vol.
Marseille et les intérêts qui se rattachent à son port, par BERTEAUT. 2 brochures.
Martin Double, par JACOB. Brochure.

Masques et Bouffons, par Maurice Sand. 2 vol.
Maurice Quentin de la Tour, par Desnazé. Brochure.
Mausolée de A. de Saxe, Dauphine de France. 1 vol.
Matériaux et documents d'architecture, par Raguenet. 1 vol.
Matériel et procédés de la couture (vêtements), par Daligny. Brochure.
Mécanique (Éléments de), par Beynac. 1 vol.
Médailles des Papes, par Paul Delaroche. 1 vol.
— italiennes, par Paul Delaroche. 2 vol.
— allemandes, par Paul Delaroche. 1 vol.
— françaises sous la première révolution et le premier empire, par Paul Delaroche. 5 vol.
— jetons et monnaies, par Franck. 1 vol.
— (Promptuaire des). 1 vol.
Medical man's plea (anglais), par Winter Garden. Brochure.
— — par Seymour. Broch.
Mélanges d'ornements, par Clerget. 1 vol.
— — coloriés, par Clerget. 1 vol.
Membris (de) inter se conspirantibus, par de Montaiglon. Brochure.
Memento du salon 1875, par de la Fizelière. Brochure.
Memnon, conte de Voltaire, par Villot. Brochure.
Mémoire pour servir à l'édification du théâtre, par Astruc. Brochure.
— sur les beaux-arts appliqués à l'industrie, par Brevière. 1 vol.

Mémoire contre la ville de Marseille, par BARTHOLDI. Brochure.

— sur la peinture à l'huile, par CADET DE VAUX. 2 vol.

— sur l'Industrie, par COSTAS. 1 vol.

— sur la Chine, par DECAYRAC DE LANTURE. 1 vol.

— sur la mort de Louis XIV, par le m^is DE DANGEAU. Brochure.

— sur la domination de l'architecture, par ÉMERIC DAVID. Brochure.

— sur les bas-reliefs Notre-Dame de Paris, par FAURIS DE SAINT-VINCENT. Brochure.

— sur les maisons royales, par FALIBIEN. 1 vol.

— critique d'architecture, par FRÉMIN. 1 vol.

— sur les ouvrages de terre cuite, par FOURMY. 1 vol.

— sur les hydrocérames (terre cuite), par FOURMY. Brochure.

— sur la manière d'éclairer la galerie du Louvre, par GUILLAUMOT. 1 vol.

— sur l'Hindoustan, par GENTIL. 1 vol.

— (de la) des yeux appliquée à l'enseignement du dessin, par JOBARD. Brochure.

— sur les véritables désignations des monuments de Rome, par LENORMAND. Brochure.

— sur Salvator Rosa, par MORGAN (Lady). 2 vol.

— historique de Mahé de la Bourdonnaye, par MAHÉ. 1 vol.

— sur la peinture à l'encaustique et à la cire 1 vol.

Mémoire des Professeurs administrateurs du Museum d'histoire naturelle. 1 vol.
— présenté à M. le préfet de la Côte-d'Or, une école de dessin pour femmes. 1 vol.
— sur la laine. 1 vol.
— sur le projet de réforme en Égypte. 1 vol.
— Sobre las negociationes entre la Espana y los Estradas-Unidas. Brochure.
— sur le général de Boigne. 1 vol.
— pour le comte de Lally. 1 vol.
— sur la pulvérisation des engrais, par Menier. Brochure.
— sur l'acier, par Perret. 1 vol.
— Sobre la Balanza del commercio espanol, par Pallesantoro. Brochure.
— sur la loi des proportions du corps humain, par Rochette. Brochure.
— sur les objets qui peuvent être conservés, par Robin. Brochure.
— sur les instruments de la passion de Notre-Seigneur-Jésus-Christ, par Rohault de Fleury. 1 vol.
— historique de la cour de France, par Soulavie. 1 vol.
— sur le Symbolisme, pas Vesly. Brochure.
— et Journal de J.-G. Wille, graveur du roi, par Duplessis. 2 vol.
— (premier) sur la pulvérisation des engrais, par Menier. 1 vol.
— pour servir à l'histoire des maisons royales

et bâtiments de France, par FÉLIBIEN. 1 vol.

Menuiseries, par THIOLLET. 2 vol.

— (Modèles de), par BURY. 1 vol.

— (Détail d'ouvrages de), par POTAIN. Carte.

Métallurgie (Essai historique sur la), par PETITGANT. 1 vol.

Métamorphoses d'Ovide (latin). 1 vol.

Métaux photographiés, par FRANCK. 1 vol.

— précieux, par ROSVAG. 1 vol.

— et Émaux, par FRANCK. 1 vol.

Méthode de la peinture au pastel, par BAZIN. 1 vol.

— photographique, par CHEVALIER. 1 vol.

— d'enseignement du dessin. 1 vol.

— élémentaire du dessin, par OTTIN. 3 vol.

— pour l'enseignement du dessin et de la peinture, par LECOQ DE BOISBAUDRAN. 1 vol.

— pour apprendre l'art du dessin, par ALBERTI. 1 vol.

Merveilles (les) de l'exposition de 1867, par MÉNARD. 1 vol.

— de l'intérieur de la terre, par RION. Broch.

Meubles religieux et civils, par ASSELINEAU. 2 vol.

— — — par FRANCK. 1 vol.

Meubles d'art, par MAZAROZ. 1 vol.

— et ornementation du mobilier. Carton.

— sculptés, par RIBALIER ET MAZAROZ. 1 vol.

— époques Louis XIII et Louis XIV, par ADAMS. 1 vol.

— et cheminées, œuvres de DUCERCEAU. 1 vol.

Meubles (11 gravures, et dessins de) et ouvrages de bronzes et de marqueterie, par BOULLE. Carton.

— d'art. Carton.

— (Spécimens d'anciens) anglais, par SHAW. 1 v.

Militaire (Histoire générale du costume) du IVe au XIXe siècle, par JACQUEMIN. 1 vol.

— (Art) ancien, par VÉGÈTU. 1 vol.

— (Emblèmes de grades). 1 vol.

Minéralogie appliquée, par BURAT.

Minerve (la) de Phidias, par SIMART. Brochure.

Miniature, reliure, ornements, par FRANCK. 1 vol.

— A. Z. ou le salon (de), par DE LA FIZELIÈRE. 1 vol.

— Traité (de), par BALLARD. 1 vol.

— Aquarelles, perspectives, par SAINT-VICTOR. 1 vol.

Miscellanées poétiques, suivies de Jugurtha à Rome, tragédie, par POTIER. 1 vol.

Mission morale de l'art, par BOULANT. 1 vol.

— to the working men of Paris. Brochure.

Mittheilunger des KK Osterreichischen museum Industrue, par THAA. 2 vol.

Mobilier (un) historique des XVIIe et XVIIIe siècles, par JACOB. Brochure.

— anciens et modernes (anglais) ouvrages en bois, par JOHN HUNGERFORD. 1 vol.

— (anglais). Brochure.

Modes (les) anciennes et modernes (vêtements), par D. M. J. H. 1 vol.

Moniteur (le) des arts (Revue), par FILLONNEAU. 1 vol.
— général des cours des matériaux (ville de Paris). Brochure.
— (le) belge. 1 vol.

Monographie de l'église de la Trinité à Paris, par BALLU. 1 vol.
— de poules indigènes (*le Poulailler*), par JACQUES. 1 vol.
— de la cathédrale de Bourges, par MARTIN ET CAHIER. 2 vol.
— de la cathédrale de Chartres. 1 vol.
— de l'église de Noyon. 1 vol.
— des Parocel. 1 vol.
— du château d'Heidelberg, par PFNOR. 1 vol.
— du théâtre du Vaudeville, à Paris, par SOEUR. 1 vol.
— de l'église de Notre-Dame de Noyon, 1845, par VITET. 1 vol.
— du palais de Fontainebleau, par PFNOR. 2 vol.
— de l'église Saint-Ambroise. Carton.
— de Chevreuse, par SAUVAGEOT. 1 vol.
— des produits de la Gironde, par LAVERTUJON. 1 vol.
— du Louvre et des Tuileries réunis. 1 vol.

Mont-Dore (le), par LECOQ. 1 vol.

Monuments modernes de la Perse, par COSTE. 1 vol.
— Aztèques du Mexique, par CHAMPFLEURY Carton.
— de Nîmes, par CLERISSEAU. Carton.

Monumenti etruschi, par FRANCESCO INGLIRANI. 9 vol.
— anciens et modernes, par GAILHABAUD. 4 vol.
— de l'histoire de France, par HENNIN. 10 vol.
— anciens de Paris, par LABORDE. Broch.
— de la France, par LENOIR. 1 vol.
— (Quelques) d'art alsaciens, par MUNTZ. 1 vol.
— d'art détruits à Strasbourg, par MUNTZ. 1 vol.
— (le) de Molière (poëme), par MARTIN. Brochure.
— de Paris. 1 vol.
— inédits d'antiquité figurée, par RAOUL ROCHETTE. 1 vol.
— de Vienne, en France, par REY. 1 vol.
— de la Russie, par RUSCA. 1 vol.
— de Pise au moyen âge (atlas), par ROHAULT DE FLEURY. 1 vol.
— de Pise au moyen âge (texte), par ROHAULT DE FLEURY. 1 vol.
— de Rome, par RAGUENET. 1 vol.
— inédits de l'antiquité, par WINKELMANN. 3 vol.
— anciens du Mexique, par DE VALDEC. 1 vol.
— français (Musée impérial des), par LENOIR. 1 vol.
— de l'art à l'origine du christianisme (anglais). 1 vol.

Monuments (Observations critiques sur quelques), par HENRY. Brochure.
— (Recherches sur les) et histoire des Normands, par le duc de LUYNES. 1 vol.
Mortalité (de la) dans l'armée et moyen d'améliorer la vie humaine, par le docteur CHENU. 2 vol.
Mosaïques (Modèles de). Carton.
— (anglais). Brochure.
Motifs d'ornements, par PFNOR. 1 vol.
— de serrureries, par VAILLANT. 1 vol.
— d'ornements, roses, rosaces, médaillons, etc., par PFNOR. 1 vol.
— historiques, par CÉSAR DALY. Carton.
— d'ornementation, par RIESTER. 1 vol.
Moulin (Complément de la notice rétrospective sur le) de Noisiel. Brochure.
Mouvement (le) moderne en peinture, par CHESNEAU. 2 v.
Moyen âge (le) et la Renaissance, texte, par PAUL LACROIX. 3 vol.
— — Planches, par PAUL LACROIX. 4 vol.
— (Histoire des arts industriels au), par LABARTE. 6 vol.
— (Mœurs, usages et costumes au), par PAUL LACROIX. 1 vol.
— (les Arts au), par PAUL LACROIX. 1 vol.
— (Vie militaire et religieuse au), par PAUL LACROIX. 1 vol.
— (les Monuments de Pise au), texte, par ROHAULT DE FLEURY. 1 vol.

Musée de Limoges. Brochure.
— des monuments français, par LENOIR. 5 vol.
— Campana, par MARCHESSE. 2 vol.
— Charles X. 1 vol.
— florentin. 5 vol.
— Clément. 2 vol.
— du Château d'Eu. 1 vol.
— nouveaux et à naître en France. 1 vol.
— impérial d'Autriche et école des arts industriels. 1 vol.
— de Bordeaux. 1 vol.
— départemental du Finistère. Brochure.
— de Lyon. 2 vol.
— de Lille. 1 vol.
— de Limoges. 2 vol.
— d'Orléans. 1 vol.
— de Rouen. 1 vol.
— de Nantes. 1 vol.
— de Caen. 1 vol.
— de Tours. 1 vol.
— national du Louvre, par REISET. Brochure.
— d'Art et d'Industrie, par RONDOT. 1 vol.
— universel de sculpture, par Sohn. Brochure.
— (les) de France, par VIARDOT. 1 vol.
— d'Italie. 1 vol.
— d'Allemagne. 1 vol.
— d'Angleterre. 1 vol.
— d'Espagne. 1 vol.
— (Annales des), par LANDON. 36 vol.
— d'Intructione di educatione (italien). 1 vol.

Musées (Notes sur les) nationaux, par REISET. Brochure.
— Napoléon III. La vérité sur le Louvre, par CHESNEAU. 1 vol.
— du Louvre, notice des objets de bronze, cuivre, étain, etc., par CLÉMENT DE RIS. 1 vol.
— d'artillerie (Notice sur les collections du). 1 vol.
— (les Principaux Tableaux du) de Lahay. 1 vol.
— (les) de provinces, histoire et description, par CLÉMENT DE RIS. 1 vol.
— oriental japonais, Exposition 1869, par FRANCK. 8 vol.
— del medio evo e del rinascimento (art appliqué à l'Industrie. 1 vol.
Musique en Allemagne, par SELDEN CAMILLE. 1 vol.

N

Napoléon Ier (Correspondance de). 32 vol.
Napoléonien (le). 1 vol.
Nathalis, comitis mythologiæ, par BOUFFROY. 1 vol.
Nations (les) rivales dans l'art, par CHESNEAU. 2 vol.
Navigation aérienne sérieuse, par CHARDANNE. 1 vol.
Nécrologie, notice sur Mme Vincent, peintre, par LEBRETON. Brochure.
Nef (la) de Saint-Vincent de Paul, par FLANDRIN. 1 vol.
Ninive et l'Assyrie, par VICTOR PLACE. 3 vol.
Notes (quelques) sur Jean Goujon, par GAILHABAUD. Brochure.
— sur les musées nationaux, par REISET. Brochure.

Notes sur l'émission en France des monnaies, par DUMAS. 1 vol.

— relatives aux expositions universelles, par GAUSSEN. Brochure.

Notice sur la galerie d'Apollon, par de CHENNEVIÈRES. Brochure.

— des objets de bronze, cuivre, étain, fer, etc., musée du Louvre, par CLÉMENT DE RIS. 1 vol.

— sur Léopold Robert, par DELESCLUZE. 1 vol.

— sur la chromolithographie, par ENGELMANN. Brochure.

— archéologiques sur les tentures et les tapisseries de la cathédrale d'Angers, par DE FARCY. Brochure.

— sur le 9e tableau du jugement universel, par l'abbé MARTIN. 1 vol.

— sur sa vie et ses ouvrages, par DAVID. 1 vol.

— sur le Marat, par DAVID. Brochure.

— sur la peinture en cire, par DUROZIEZ. Broch.

— historique sur le tableau de l'entrée d'Henri IV à Paris, par GÉRARD. Brochure.

— sur les tableaux espagnols, par JUBINAL. Brochure.

— sur les peintures de l'église Saint-Savin, par MÉRIMÉE. 1 vol.

— historique sur Jean Pelerin, par DE MONTAIGLON. Brochure.

— sur des tableaux du musée du Louvre, par VILLOT. 5 vol.

Notice sur les peintures à fresque à Saint-Sulpice, par VINCHON. Brochure.

— sur J.-A. Houdon, par DÉLEROT et LEGRELLE. 1 vol.

— sur l'ancienne statue équestre de Louis XIII, par DE MONTAIGLON. 1 vol.

— sur sa vie et ses ouvrages (statuaire), par MILHOMME. 1 vol.

— des statues, bustes, etc., et des galeries antiques. 1 vol.

— sur l'hôtel de ville, par A. F. 1 vol.

— sur l'église Saint-Eustache de Paris, par GAUDREAU. 1 vol.

— historique sur le palais national. Brochure.

— sur les modèles, des ponts et chaussées et des mines, exposition de Philadelphie. 1 vol.

— historique sur l'art de la gravure. Brochure.

— des Estampes, par DUCHESNE. 1 vol.

— des Émaux, par DE LABORDE. 2 vol.

— sur Jacques Guay, graveur sur pierres fines du roi Louis XV. 1 vol.

— sur un denier d'or. Brochure.

— sur l'ivoire coulé. Brochure.

— des ivoires, par SANRAY. Brochure.

— sur le commerce de la boucherie à Paris, par BORELLI DE SERRES. Brochure.

— nécrologique sur Ménier, négociant, par CHEVALLIER. Brochure.

— sur la nécessité de remplacer les broches à la main, par DENEYROUSE. Brochure.

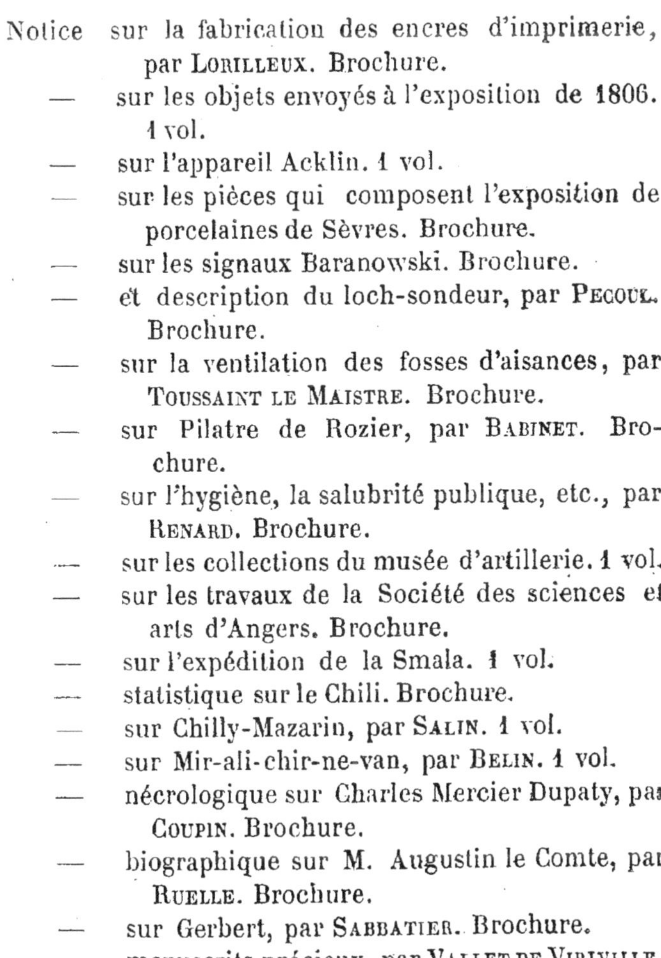

Notice sur la fabrication des encres d'imprimerie, par LORILLEUX. Brochure.

— sur les objets envoyés à l'exposition de 1806. 1 vol.

— sur l'appareil Acklin. 1 vol.

— sur les pièces qui composent l'exposition de porcelaines de Sèvres. Brochure.

— sur les signaux Baranowski. Brochure.

— et description du loch-sondeur, par PECOUL. Brochure.

— sur la ventilation des fosses d'aisances, par TOUSSAINT LE MAISTRE. Brochure.

— sur Pilatre de Rozier, par BABINET. Brochure.

— sur l'hygiène, la salubrité publique, etc., par RENARD. Brochure.

— sur les collections du musée d'artillerie. 1 vol.

— sur les travaux de la Société des sciences et arts d'Angers. Brochure.

— sur l'expédition de la Smala. 1 vol.

— statistique sur le Chili. Brochure.

— sur Chilly-Mazarin, par SALIN. 1 vol.

— sur Mir-ali-chir-ne-van, par BELIN. 1 vol.

— nécrologique sur Charles Mercier Dupaty, par COUPIN. Brochure.

— biographique sur M. Augustin le Comte, par RUELLE. Brochure.

— sur Gerbert, par SABBATIER. Brochure.

— manuscrits précieux, par VALLET DE VIRIVILLE. 1 vol.

Notice sur les tapisseries des Gobelins, par LACORDAIRE. 1 vol.
— sur la Guillautière, par CREPET. 1 vol.
— sur une lampe chrétienne, par DE LASTEYRIE. Brochure.
(Observation sur la) de la galerie antique, par UN AMATEUR. 1 vol.
— sur les travaux de l'abbaye de Balhausen, par DE LASTEYRIE. Brochure.
— sur l'hôtel du Grand-Cerf des Andelys, par DE LASTEYRIE. Brochure.

Notions de chimie, par BOUTET DE MONVEL. 1 vol.

Notre-Dame de Paris (restauration de), par VIOLLET LE DUC. 1 vol.

Nouveau Manuel de numismatique, par BARTHELEMY. 1 vol.
— Traité de robes de cheval, par BRIVET. 1 vol.
— Modèles d'ornements, par CAROT. 1 vol.
— procédé de peinture, par CADET DE VAUX. 1 vol.
— Traité de toute l'architecture, par CORDEMOY. 1 vol.
— Traité des cinq ordres d'architecture, par DESTOURNELLE. 1 vol.
— Guide pittoresque du voyageur à Dijon, par GOUSSARD. 1 vol.
— Égouts de la Tamise, par HOREAU. 1 vol.
— procédé pour stéréotyper, par MONNET. 1 vol.
— guide de géologie, par POMEL. Brochure.
— Traité sur la fabrication des draps, par SORET. 1 vol.

Nouvel Album gothique, par VARIN. Brochure.

Nouvelles Descriptions de la ville de Paris, par GERMAIN-BRICE. 4 vol.

— construction de cheminées, par GENNETTI. 1 vol.

— application de la paraffine, par MONNET. 1 vol.

— Archives de l'art français de 1872 à 1873. 2 vol.

— Nuovo ordinamento di studi. Brochure.

— Archives de l'art français de 1873 à 1877. 4 vol.

Numismatique des corporations parisiennes, par FORGEAIS. 1 vol.

— (Nouveau Manuel de) et atlas, par BARTHELEMY. 1 vol.

— et glyptique (des rois grecs), par PAUL DELAROCHE. 20 vol.

O

Objets d'art (catalogue illustré) d'après les originaux (anglais). 1 vol.

— d'art, chromolithographie au muséum de Kensington. 2 vol.

— d'art, collection de San-Donato. 1 vol.

— d'art (anglais) et reproduction. 1 vol.

Observateur (l') au Muséum. 1 vol.

Observations sur la notice de la galerie antique, par UN AMATEUR. 1 vol.
— scientifiques, par LENOIR. 1 vol.
— sur l'Architecture, par l'abbé LANGIER. 1 vol.
— sur l'école de dessin à Metz, par MIGETTE. Brochure.
— sur le salon de 1808. Brochure.
— sur quelques grands peintres, par TAILLASSON. 1 vol.
— critiques sur quelques monuments, par HENRY. Brochure.
— sur l'impression des fonds propres à recevoir la peinture, par REY. Brochure.

Odes d'Horace, traduction par POTIER. 1 vol.

Œuvres de Joannes Bérain. 1 vol.
— de Jacques Audrouet Ducerceau (meubles et cheminées), par DUCERCEAU. 1 vol.
— de Bernard Palissy, par FANGAS DE SAINT-FOND. 1 vol.
— complètes de Benvenuto Cellini, par LECLANCHÉ. 2 vol.
— de Marc-Antoine. Carte.
— de Mengs, premier peintre du roi d'Espagne. 2 vol.
— de Jean Goujon, gravé par RÉVEIL. 1 vol.
— d'Étienne Falconnet, statuaire. 6 vol.
— de P. Contant. 1 vol.
— choisies des maîtres (14 tableaux). 1 vol.
— diverses (dessins), par ORSEL.

Origine (l') de l'imprimerie, par DE LABORDE. 1 vol.
— de l'imprimerie (Paris, 1694), par CHEVILLIER. 1 vol.
— transatlantique et les Normands aux Antilles. Brochure.

Ornement (théorie de l'), par BOURGOIN. 1 vol.
— moresques, par GIRAULT DE PRANGAY. 1 vol.
— (l'), par MALAPEAU. 1 vol.
— (Encyclopédie de l'), par MALAPEAU. 1 vol.
— de fleurs, par PILLEMENT. Carton.
— de cheminées, par PIRANÉSI. 1 vol.
— (l'), polychrome, par RACINET. Carton.
— des anciens maîtres, par REYNARD. 3 vol.
— (Nouveaux modèles d'), par CAROT. 1 vol.
— (Motifs d'), pour roses, rosaces, etc., circulaire, par PHNOR. Carton.
— tirés des Quatre Écoles, par WAILLY ET WAGNER. 4 vol.
— (Recueil d') d'après les maîtres du XVe au XVIIIe siècle, par BALDUS. 1 vol.
— par CLERGET. 1 vol.
— par FAUCHERIE. 1 vol.
— (Cours méthodique d') et de dessins, par F. A. M. G. Carton.
— (27 gravures de l') des livres, par GUILLAUME LIBRI. Carton.
— (l') (feuilles d'histoire), par METZMACHER. 1 vol.
— (Album pratique d'), par OPPERMANN. 4 vol.
— gravures et lithographie. Carton.

Ornement, vases et décorations, par PEQUEGNOT. 12 vol.
— gravures, lithographie, par REGNARD. 1 vol.
— (Gravures d'). (Motifs, chiffres), par RIESTER. 1 vol.
— , par RIESTER. 1 vol.
— (Gravures d'), par RIESTER. Carton.
— (Principes d'), par SALAMBIER. 1 vol.
— (Gravures d') et figures, par VARIN. 1 vol.
— (Mélanges d'), par CLERGET. 1 vol.
— (Mélanges d') coloriés, par CLERGET. 1 vol.
— de la Renaissance, par CLERGET. 1 vol.
— teintés dans le style de la Renaissance, par CLERGET. 1 vol.
— topographiques, par CLERGET. 1 vol.
— (l') des tissus, par DUPONT AUBERVILLE. 1 vol.
— (Grammaire de l'), par JONES OWEN. 1 vol.
— (Spécimens de la décoration et de l'), par LIENARD. 1 vol.
— (Recueil d'), d'après les maîtres les plus célèbres du XVe au XVIIIe siècle. 1 vol.
— (Théorie de l'), par BOURGOIN. 1 vol.
— (Bas-reliefs et), par PAUL DELAROCHE. 2 vol.
— (Motifs d'), par PFNOR. 1 vol.
— (Annales de l'), par BILLORDEAU. 1 vol.
— des manuscrits du VIIIe au XVIe siècle, par MATHIEU. 2 vol.
— pour l'industrie, par FISCHBACH. Carte.
— estampés et repoussés, zinc, cuivres, tôle et plomb (album), par COUTELIER. 1 vol.

Ornement de vases et poteries antiques.
— contours de vases et poteries antiques, par COUTELIER. 1 vol.
Ornementale (Flore), par RUPRICH-ROBERT. 1 vol.
— (l'Art industriel et) français au XIXe siècle, par LE ROI DE SAINTE-CROIX. 1 vol.
Ornementation (l') au XIXe siècle, par LIENARD. Carton.
— des appartements aux XVIe, XVIIe et XVIIIe siècles, par DESTAILLEUR. 1 v.
— usuelle, par PFNOR. Carton.
— (Recueil d') du XVe au XVIIIe siècle, par BALDUS. 1 vol.
— (Meubles et) du mobilier. Carton.
Ornemanistes (Portefeuille des), par CAROT. 1 vol.
Ortie (l') et ses propriétés, par ELOFFE. 1 vol.
Ouvrages en or et en argent, anglais. Brochure.
— (Canova et ses) (statuaire), par QUATREMÈRE DE QUINCY. 1 vol.

P

Palais à édifier d'après le projet présenté, par HOREAU. Brochure.
— de Trianon, par DE LESCURE. Brochure.
— impérial de Constantinople et ses abords, par LABARTE. 1 vol.
— de Lonchamp à Marseille. 1 vol.
— et châteaux de France, etc., par SAUVAGEOT. 4 v.
— El Palacio de cristal, par ARNOUX. 1 vol.

Palais (Frises du Palais de T...), gravures anciennes, par ROMAIN. 1 vol.
— (Monographie du) de Fontainebleau, par PFNOR. 2 vol.

Panneau, style Louis XVI, par BRAQUEHAYE. 1 vol.
Papiers peints, par LEROY. Carton.
— (Album de) peints, par TURQUETIL. 1 vol.
— (Album de) peints, par TURQUETIL. 1 vol.
— peints anciens. 1 vol.
— (Dessins de), par THERMIDOR LAURENT. 1 vol.
— (Échantillon de) peints, par THERMIDOR LAURENT. 1 vol.

Panthéon de l'Industrie. Brochure.
Parallèle d'architecture antique, par PALADIO. Brochure.
Paris (les Promenades de) (texte et planches), par ALPHAND. 2 vol.
— à travers les âges, par HOFBAUER. 3 vol.
— (de) à Sybaris, par PALUSTRE DE MONTIFAUT. 1 vol.
— ancien. 1 vol.
— (Hôtel de ville de), par CALLIAT. 1 vol.
— (la Sainte-Chapelle de), par CALLIAT. 1 vol.
— Histoire de la Sainte-Chapelle du Palais, par DECLOUX et DURY. 1 vol.
— Compte rendu sur la reconstruction de l'Hôtel de Ville, par DUC.
— (de l'Importance dont) est à la France, par DE FONTENELLE. Brochure.
— (Nouvelle Description de la ville de), par GERMAIN-BRICE. 4 vol.
— (le Nouvel Opéra de), par GARNIER. 2 feuilles.

Paris (Passerelles à construire à), par HERARD. Broch.
— (les Anciens Monuments de), par de LABORDE. Brochure.
— (Dictionnaire de l'ancien), par LOCH. Brochure.
Paris (Description des curiosités des églises de), par MARTIAL. Brochure.
— (Monuments de). 1 vol.
— (Moniteur général des cours des matériaux de la ville de). Brochure.
— (Description de), Versailles, etc., par PIGANIOL DE LA FORCE. 7 vol.
— (les Cimetières de), par QUAGLIA. 1 vol.
— (Monographie du théâtre du Vaudeville de), par SAUR. 1 vol.
— (La Cité ouvrière de), par VENGNY. Carton.
— (Notre-Dame de) (restauration), par VIOLLET LE DUC. 1 vol.
— (Peintures murales des chapelles de N.-D. de) par de VIOLLET LE DUC. 1 vol.
— Municipe, par de LABORDE. 1 vol.
— Projet pour l'amélioration du 10e arrrondissement, par LABORDE. Brochure.
— (Recherches archéologiques sur les abbayes de), par HÉRARD. Brochure.
— (Itinéraire archéologique de), par GUILHERMY. 1 vol.
— (les Arènes de). 1 vol.
— (Assainissement et embellissement de), par HOREAU. Brochure.
— (Chronique de), par VILLEMESSANT (DE). Broch.

Paris (Histoire générale de). 15 vol.
— — Topographie historique, par BURTY. 1 vol.
— — les armoiries de la ville de Paris, par COETLOGON. 1 vol.

Paroles prononcées sur la tombe de L.-A. le François, intendant général, par ROBERT. Brochure.

Parthénon (du), numismatique et glyptique, par PAUL DELAROCHE. 1 vol.

Parure (l'Art de la), par CHARLES BLANC. 1 vol.

Passementeries, carnet de 238 échantillons. 1 vol.
— (Échantillons de) broderies pour ornements sacerdotaux. 1 vol.

Passerelles à construire dans Paris, par HÉRARD. Brochure.

Pastel (Traité de la peinture au), par M. P. R. 1 vol.
— (Méthode de peinture au), par BAZIN. 1 vol.

Paterii antiquorum. 1 vol.

Patron de robes de l'impératrice Joséphine, par COCHERIS. 1 vol.

Patronage des enfants de l'ébénisterie. Brochure.

Pausanias français. 1 vol.

Paysages, par MAZURE. 1 vol.
— (Essai sur le), par LECARPENTIER. 1 vol.

Paysagiste (le) aux champs, par HENRIET. Brochure.

Peintre (le) converti aux règles précises de Senart, par BOSSE. 1 vol.
— (les) des fêtes galantes, par CHARLES BLANC. 1 vol.

Peintre (un) sur le trône, par GERMAIN PICARD. 1 vol.
— Bourgeois, par MICHELS. 1 vol.
— Flamands et hollandais, par VITET. Brochure.
— Peinture et critique, par Wiertz.. Brochure.
— (les) et la peinture, par IVAN GALEVINE. Broch.
— (Lettres inédites du) Girodet Trioson, par BELLIER DE LA CHAVIGNERIE. Brochure.
— (Recherches sur le) Lantara, par BELLIER DE LA CHAVIGNERIE. Brochure.
— et sculpteurs, par ETEX. Brochure.
— Ses Œuvres, par GÉROME. 1 vol.
— Éloge de Lancret, peintre du Roi, par GUIFFREY. 1 vol.
— (Résumé historique des), sculpteurs, etc., par ROCHET. Brochure.
— (Annuaire de l'Association des artistes), par le baron TAYLOR. Liv.
— (Histoire des) (École anglaise), par BURGEL. 1 vol.
— (Histoire des), École hollandaise, par CHARLES BLANC. 2 vol.
— — École flamande. 1 vol.
— — École française. 3 vol.
— — École anglaise. 1 vol.
— — École bolonaise. 1 vol.
— — École vénitienne. 1 vol.
— Jean Godefroy peintre et graveur, par JACOB. 1 vol.
— Louis David, son école et son temps, par DELESCLUZE. 1 vol.

Peintres (Histoire des). École florentine, par CHARLES BLANC. 1 vol.

— — École ombrienne et romaine, par CHARLES BLANC. 1 vol.

— — École milanaise, lombarde, ferraraise, génoise et napolitaine, par CHARLES BLANC. 1 vol.

— Notice sur sa vie et ses ouvrages, par DAVID. 1 vol.

— (Vie des) flamands, allemands et hollandais, par DESCAMP. 4 vol.

— (Étude sur le génie des) italiens, par FLEURY. 1 vol.

— (Vies des), par FÉLIBIEN. 2 vol.

— Quelques notes sur Jean Goujon, par GAILHABAUD. Brochure.

— (le Grand Livre des) ou l'art de la peinture, par GÉRARD DE LAIRESSE. 2 vol.

— Vie de Michel-Ange, par HAUCHERORNE. 1 vol.

— (la Peinture et les) italiens, par LABOUR. 1 vol.

— (Vies des premiers) du roi depuis Lebrun, par LEPICIÉ. 1 vol.

— (Nécrologie, notice sur M. Vincent, par LEBRETON. Brochure.

— Œuvres de Mengs, premier peintre du roi d'Espagne. 2 vol.

— (Abrégé de la vie des), par DE PILES. 1 vol.

— (Dictionnaire des) espagnols, par QUILLET. 1 vol.

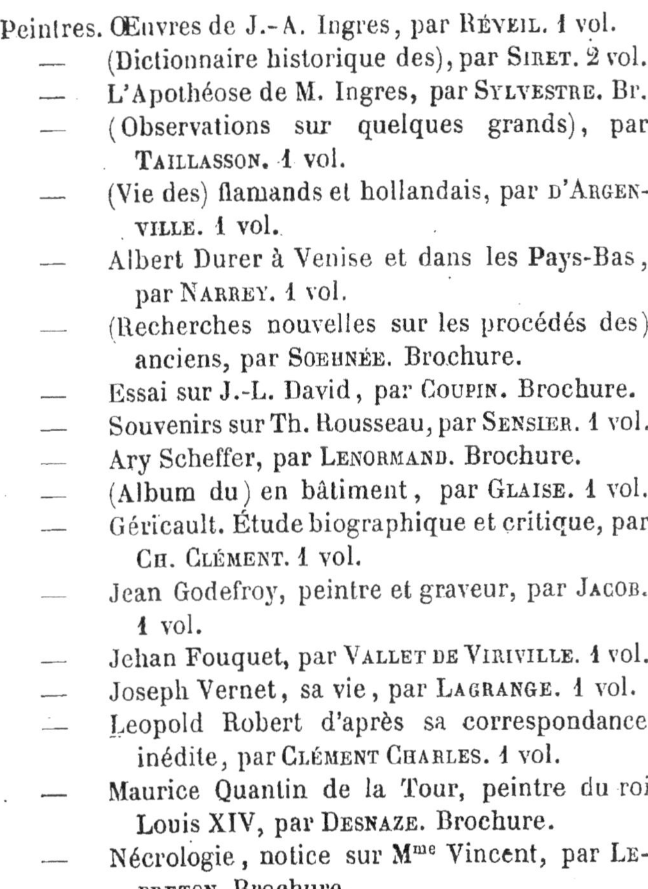

Peintres. Œuvres de J.-A. Ingres, par Réveil. 1 vol.
— (Dictionnaire historique des), par Siret. 2 vol.
— L'Apothéose de M. Ingres, par Sylvestre. Br.
— (Observations sur quelques grands), par Taillasson. 1 vol.
— (Vie des) flamands et hollandais, par d'Argenville. 1 vol.
— Albert Durer à Venise et dans les Pays-Bas, par Narrey. 1 vol.
— (Recherches nouvelles sur les procédés des) anciens, par Soehnée. Brochure.
— Essai sur J.-L. David, par Coupin. Brochure.
— Souvenirs sur Th. Rousseau, par Sensier. 1 vol.
— Ary Scheffer, par Lenormand. Brochure.
— (Album du) en bâtiment, par Glaise. 1 vol.
— Géricault. Étude biographique et critique, par Ch. Clément. 1 vol.
— Jean Godefroy, peintre et graveur, par Jacob. 1 vol.
— Jehan Fouquet, par Vallet de Viriville. 1 vol.
— Joseph Vernet, sa vie, par Lagrange. 1 vol.
— Leopold Robert d'après sa correspondance inédite, par Clément Charles. 1 vol.
— Maurice Quantin de la Tour, peintre du roi Louis XIV, par Desnaze. Brochure.
— Nécrologie, notice sur Mme Vincent, par Lebreton. Brochure.
Sur Léopold Robert, par Delescluze. 1 vol.

Peinture (Essai sur la), la sculpture et l'architecture, par de B... 1 vol.

Peinture (Catalogue de) miniature, dessin, gravure (anglais). 1 vol.

— (Académie de), sculpture, architecture, par DESEINE. 1 vol.

— (Examen raisonné des ouvrages de), sculpture et gravure 1814, par DESPECH. 1 vol.

— (Explication des ouvrages de), gravure, etc., exposés au château de Blois. Brochure.

— (Explication des ouvrages de), sculpture, architecture, Exposition 1875. 1 vol.

— Architecture, sculpture de l'Allemagne, par FORSTER. Carte.

— (des principes de la), de l'architecture, de la sculpture, par FÉLIBIEN. 1 vol.

— (l'Académie royale de) et sculpture, par le BIBLIOPHILE JACOB. 1 vol.

— (des Causes physiques de la) et la sculpture, LE BARBIER. Brochure.

— (Lettres sur la), la sculpture et l'architecture. 1 vol.

— Art antique, architecture, sculpture, peinture; art domestique, par MENART. 1 volume.

— (Étude critique sur le musée de) de la ville de Metz, par MICHEL. Brochure.

— (du Caractère symbolique des couleurs employées dans la) chrétienne, par MONTABERT. Brochure.

— Salle Borgia, villa Lante, peinture du cabinet de Jules II, par PIRANESI. 1 vol.

Peinture (Essai sur la) du paysage à l'huile, par VANDER. Brochure.
— (Réflexions sur l'art de la), par ARMAND. 1 vol.
— (Méthode de) pastel, par BAZIN. Brochure.
— Sur verre, par BERTRAND. 1 vol.
— (la) décorative, par BEULÉ. Brochure.
— Sur verre au XIXe siècle, par BONTEMPS. Brochure.
— (Connaissance de la), par BURTIN. 1 vol.
— Sur verre, par BRONGNIART. Brochure.
— (Nouveau procédé de) (habitation), par CADET DE VAUX. Brochure.
— (Mémoire sur la) au lait, par CADET DE VAUX. Brochure.
— (la) réduite à des principes simples et naturels, par GABORIAUX. 1 vol.
— (le Mouvement moderne en), par CHESNEAU. Brochure.
— (Chefs-d'œuvre de), par CHESNEAU. 1 vol.
— (Traité des couleurs pour la), par D'ARELAIS DE MONTAMY. 1 vol.
— (Réponse sur l'emploi de la) qui ornait les édifices sacrés chez les anciens, par DAVID. Brochure.
— (la) en 1863, par DESNOYERS. 1 vol.
— (Discours sur l'influence de la), par DECHAZEL. Brochure.
— (Notice sur la) en cire, par DUROZIEZ. Broch.
— (Réflexions critiques sur la poésie et sur la), par l'abbé DUBOIS. 3 vol.

Peinture (Dictionnaire de) et d'architecture. 2 vol.
— Monumentale, Fuchs. 1 vol.
— (de la) en France (les 3 siècles), par Gault. 1 v.
— Italienne, par Huard. 1 vol.
— (Réflexion sur la), par Huber. 2 vol.
— (de l'Art de la), par Jeanron. Brochure.
— (Réflexions sur la) et la gravure, par Joullain. 1 vol.
— (de la) religieuse, par Jollivet. 1 vol.
— en émail sur lave, par Jollivet. Brochure.
— (de la) des anciens (latin), par Junius. 1 vol.
— (Histoire de la) en Italie, par Lanzé. 5 vol.
— (Manière de bien juger les ouvrages de), par Laugier. 1 vol.
— décorative sur toile, etc., par Lacon. Broch.
— (la) et les peintres italiens, par Labour. 1 vol.
— (la) sur verre au XIXe siècle, par de Lasteyrie. 1 vol.
— (Quelques mots sur la) sur verre, par de Lasteyrie. 1 vol.
— (Histoire de la) sur verre (texte et atlas), par Levy. 2 vol.
— (du Laocoon ou des limites respectives de la poésie de la), par Lessing. 1 vol.
— Musée des monuments français. Peinture sur verre, par Lenoir. 1 vol.
— (Traité de la), par Léonard de Vinci. 1 vol.
(Le Siége de Paris, exposition de). Broch.
— L'Art de peindre (École d'Uranie), par l'abbé Marsy. 1 vol.

Peintures (Notice sur les) de l'église Saint-Savin, par Mérimée. 1 vol.
— (de la) à l'huile, par Mérimée. 1 vol.
— (Académie de), par de Montaiglon. 2 vol.
— Flamande et hollandaise, par Michel. 4 vol.
— (les) de Molozzo de Forli, par Muntz. Broch.
— (Traité de la) au pastel, par M. P. R. 1 vol.
— (la), poëme couronné aux jeux floraux, par Michel. Brochure.
— (Mémoire sur la) à l'encaustique et à la cire, par de Caylus. 1 vol.
— (Entretien sur la), par Ménard. 1 vol.
— (Théorie du geste dans la), par Paillot de Montabert. 1 vol.
— (Traité complet de la), par Paillot de Montabert. 1 vol.
— (Cours de), par de Piles. 1 vol.
— (Alberti, Traité de la statue de la), par Popelin. 1 vol.
— sur lave. 1 vol.
— Antiques d'Herculanum. 8 vol.
— (L'Art de la), par Rabani. 1 vol.
— (de la) et de son influence, par Raymond. 1 vol.
— (Manuel de la) sur verre, par Reboulleau. 1 vol.
— (Traité de), par Slecka. Brochure.
— (la) en Italie, par de Stendhal. 1 vol.
— Spécimen d'anciens meubles anglais, par Schaw. 1 vol.

Peintures murales des chapelles de N.-D. de Paris, par VIOLLET LE DUC. 1 vol.

— L'Ombre du grand Colbert (Réflexions sur la), par VIRQ. 1 vol.

— Sur verre, par VIGNET. 1 vol.

— (Considérations sur l'origine de la), par VIEL. 1 vol.

— (Notice sur les) à fresques, à Saint-Sulpice, par VINCHON. 1 vol.

— (Entretien sur la théorie de la), par VOIART. 1 vol.

— (Manuel de l'histoire de la), par WOAGEM. 3 vol.

— L'Art de peindre, par WATELET. 2 vol.

— Peintre, et critique, par WIERTZ. Brochure.

— — (la Critique en matière de), par Wiertz. Brochure.

— Dessins, marbres, par FRANCK. 1 vol.

— Décoratives sur toiles, reps et autres tissus. Brochure.

— La Vierge au poisson de Raphaël, par BELLOC. 1 vol.

Pensées de Blaise Pascal, par PASCAL. 2 vol.

Percement de l'isthme du Darien, par LUCIEN DE PUYDT. 1 vol.

Périclès et l'Influence des beaux-arts, par DALBERG. 1 vol.

Perse (Voyage en), par FLANDRIN. 5 vol.

Perspective, par ADHÉMAR. 1 vol.

— par PETIT-PIED. 1 vol.

Perspective (Traité de), par BERNARD LAMY. 1 vol.
— (Essai de), par GRAVESSAN (de). 1 vol.
— (Traité de), par JEAURAT. 1 vol.
— (Théorie pratique de la), par PELLEGRIN. 1 vol.
— Aquarelles, miniatures, par SAINT-VICTOR. 1 vol.
— (Éléments de), par VALENCIENNE. 1 vol.
— (Traité de) linéaire (texte, atlas), par DE LA GOURNERIE. 2 vol.
— (Traité de) (texte, atlas), par ADHÉMAR. 1 vol.
— (Traité de) géométrale, par BOSSE. 1 vol.
— (Abrégé en raccourci de la) par l'imitation, par VAULEZARD. 1 vol.
— (Moyen prompt et facile de résoudre tous les problèmes de la), par LEPAGE. 1 vol.
— (Moyen prompt de faire de la), par LEPAGE. Brochure.

Perspectomètre, le Dessin en 25 leçons, par GELIBERT. Brochure.

Phalères (les) des guerriers Romains, par DOGNÉE. Brochure.

Phédon ou entretien sur la spiritualité de l'âme, par MOSÈS MENDELS. Brochure.

Phénomènes (les grands) de la nature, par BENOIST. 1 vol.

Philosophie des beaux-arts, par SUTTER. 1 vol.
— de l'Art, par TAINE. 1 vol.
— positive, revue, par LITTRÉ. 1 vol.

Photographies. Album de l'exposition rétrospective des beaux-arts à Tours. 1 vol.

— Fleurs, par CHAUVIGNÉ. Carton.

— (Dissertation sur la), par KEN. 1 vol.

— (24) de l'Exposition 1874. Carton.

— Tapisserie, 10 épreuves. Carton.

— Tentures du camp du duc de Bourgogne 1476. Carton.

— des œuvres de Choiselat. Carton.

— des œuvres de GÉROME. Carton.

— Un dessin de broderie, par DEVILLE. Carton.

— Gravures, lithographies. Carton.

— Cinq voitures, par KELMER. 1 vol.

— des œuvres de Philippe. 1 vol.

— Plusieurs lots (de). Carton.

— (deux) d'après Robert, par ROBERT. Carton.

— (la) au palais des beaux-arts, par BURTY. 1 vol.

— Description du procédé dit américain, par COLAS. 1 vol.

— (l'Art de la), par DISDERI. 1 vol.

— Émaux cloisonnés japonais, par FRANCK, 1 vol.

— Armes et fragments d'armes, par FRANCK. 3 vol.

— Métaux et émaux, par FRANCK. 1 vol.

— Miniatures, reliures, ornements, par FRANCK. 1 vol.

Photographies. Métaux, par FRANCK. 1 vol.
— Meubles, par FRANCK. 1 vol.
— Émaux, par FRANCK. 1 vol.
— Céramiques, par FRANCK. 1 vol.
— Ensemble, par FRANCK. 1 vol.
— Terre-cuite, par FRANCK. 2 vol.
— Bois sculptés, par FRANCK. 1 vol.
— Médailles, jetons et monnaies, par FRANCK. 1 vol.
— Casques, cuirasses, etc., par FRANCK. 1 vol.
— Bronzes, par FRANCK. 1 vol.
— Peintures, dessins, par FRANCK. 1 vol.
— Musée oriental (objets), par FRANCK. 1 vol.
— — Porcelaines Chine, par FRANCK. 1 vol.
— — Meubles, tapis, étoffes, par FRANCK. 1 vol.
— — Estampes, par FRANCK. 1 vol.
— (Reproduction par la) des chefs-d'œuvre des expositions. Carton.
— 42 tapisseries Exposition 1876. Carton.
— L'Amateur photographe, par BRIDE. 1 v.
— Méthode photographique, par CHEVALIER. 1 vol.
— de fleurs, par BRAUN. 1 vol.
— of terra Cotta Columus (anglais), par GODFREY SIKE. 1 vol.

Photographies des œuvres de Loison. Carton.
— diverses. 1 vol.
— L'art ancien. Carton.
— Prix fondé par M. le duc de Luynes. Brochure.
— Dix cartons de planches diverses (congrès de Vienne). Carton.
— Suite (de 14), par ROUSSEAU. Carte.
— (4) du grand concours de dessin 1877, École des arts décoratifs. 1 vol.

Phylloxera (Destruction du), par SABATÉ. Brochure.

Pignor (H.). Mensa Isiaca. 1 vol.

Placet et mémoire des beaux-arts appliqués à l'industrie. 1 vol.

Plafonds et sujets allégoriques, par ANTOINE MAGAUD. 1 vol.

Plan de la ville de Vienne, par MELDEMAN. 1 vol.
— colorié de Vienne (Autriche). 1 vol.
— des théâtres du Châtelet. Carton.
— raisonnés de toutes espèces de jardins, par THOUIN. 1 vol.

Plantes naturelles marines. Carton.
— (Album de) et de fleurs, par CHABAL DUSSURGEY. 1 vol.
— les promenades de Paris, par ALPHAND. 1 vol.
— marines, par BALLEYDIER de HELL. 1 vol.
— botaniques. 1 vol.

Plumes (les), leur valeur et leur emploi, par DENIS. 1 vol.

Plutarque français, par MENNECHET. 8 vol.
Poëmes grecs, traduits en français, par BUCHON. 1 vol.
— sur les tableaux dont l'armée d'Italie a enrichi le Museum. Brochure.
— Le Potier de Rumgis. Brochure.
— La Peinture, couronnée aux jeux floraux, par MICHEL. 1 vol.
Poésies (les) d'Horace traduites en français, par SANADON. 2 vol.
Poétique des arts, par SOBRY. 1 vol.
Poisons (Trois). Abus du tabac, par RION. Brochure.
Poissons, thesaurus imaginum, par RUMPHIUS. 1 vol.
— (Album de).
Pompes (les) sans cuir, par DARLES DE LINIÈRE. 1 vol.
Pompéia, par BRETON. 1 vol.
Pompéi (Ruines de), par MAZOIS. 4 vol.
— (Maisons et monuments de), par NICOLINI frères. 2 vol.
— (Antiquités de), par PIRANESI. 2 vol.
Ponts (les) suspendus, par MOYNE. 1 vol.
Porcelaine (Histoire de la), par JACQUEMART LEBLANC. 1 vol.
— et poterie anglaise. 1 vol.
— (l'Art de fabriquer la), par BASTENAIRE. 2 vol.
Portefeuille des ornemanistes, par CAROT. 1 vol.
— des artistes, par LENOIR. 1 vol.
Portraits d'artistes, par PLANCHE. 2 vol.
— d'hommes de lettres (latin), par REUSNER. 1 vol.

Portraits des plus célèbres professeurs, galerie de Florence. 1 vol.

Poste (la) atmosphérique, par CRESPIN. 1 vol.

Poteries et porcelaine anglaise. Brochure.

— (Vases et) antiques. 1 vol.

— (Contours de vases et) antiques. 1 vol.

Potier (Les trois livres et l'art du), par CLODIUS POPELIN. 1 vol.

Pratique de la Géométrie sur le papier et sur le terrain, par LE CLERC. 1 vol.

Précis d'hydrologie médicale, par BOURDON. 1 vol.

— des leçons d'Architecture, par DURAND. 2 vol.

— de l'histoire de l'Indoustan, par PASQUIER, 1 vol.

— historique sur les statues du jardin des Tuileries. 1 vol.

Presse typographique. La presse universelle, par LUCIANI. Brochure.

Preuves de la découverte du cœur de saint Louis, par LENORMAND. Brochure.

Principes d'Architecture et sculpture. 1 vol.

— d'Architecture, sculpture et peinture. 1 vol.

Principes d'ornements, par SALAMBIER. 1 vol.

— universel de la vie, de tout mouvement, par TRÉMAUX. Brochure.

— pour déterminer les diamètres du spiral, par VALLET. Brochure.

Prix (le) de vertu, par LOCH. 2 vol.

— fondé par M. le duc de Luynes (photographies). Brochure.

Procédés graphiques, par MORVAN. Carton.

Procès-verbaux de l'Académie royale de peinture et sculpture, 1648-1792, DE MONTAIGLON. 1 vol.

Programme des prix, Société de Mulhouse. 1 vol.

Progrès de l'art industriel, par FÉLON. Brochure.

— scientifiques et industriels, par l'abbé MOIGNO. 1 vol.

— de l'art industriel (bulletin). 1 vol.

— (le) par le christianisme, par le P. FÉLIX. 1 vol.

Projets (deux) sur la traversée du Pas de Calais, par CHEVALIER MICHEL. Brochure.

— d'établissement d'une école nationale modèle d'application, par CHAPLET. Brochure.

— de salle d'exposition, par HAREAU. Brochure.

— d'élargissement de la rue de Noailles, par HONORAT. Brochure.

— de création d'un musée municipal des arts industriels, par DE LASTEYRIE. Brochure.

— pour l'amélioration du 10e arrondissement, par de LABORDE. Brochure.

— d'école et de musée d'art industriels. Brochure.

— de décors de l'arc de l'Étoile, par COURTOIS. Brochure.

— d'un catalogue universel de produits intellectuels, par BONNANGE. Brochure.

— d'un établissement à fonder au Vésinet, par PALLU. Brochure.

— d'une ferme nourrice à fonder, par COLAS. Brochure.

Promenades (les) de Paris (texte de planches, par ALPHAND. 2 vol.
— poétiques et daguerriennes, par MARTIN. Brochure.
— (Souvenirs d'une) à Versailles. 1 vol.
Prométhéïdes, revue des salons de 1833, par CHATELAIN. Brochure.
Promptuaire des médailles. 1 vol.
Propagation (la) industrielle (revue). Brochure.
Proportion du corps humain, par GERARD. 1 vol.
Proposition pour l'achèvement des Tuileries, par MAUDUIT. Brochure.
— faite au conseil municipal de Marseille. Brochure.
Propriétaire (le) architecte, par VITRY. 1 vol.
Propriété (de la) intellectuelle, par GUIFFREY. Brochure.
Proscrit (le), journal. Brochure.
Prospectus of the library, par WORNUM. 1 vol.
Prud'hommes (les), code manuel, par PAULIAT. Broch.
— (Quelques mots à propos d'enquête sur les conseils de). Brochure.
Prud'hon, sa vie, ses œuvres et sa correspondance, par CLÉMENT CHARLES. 1 vol.
Psychologie expérimentale (revue). 1 vol.

Q

Quado, de la Transfiguration. 1 vol.

Question (la) sociale, réponse au journal le Rappel, par MAZAROZ. 1 vol.
— (la) sociale devant la vérité, par GAUSSEN. Brochure.
— (la) des œuvres inédites, par MAZEROLLES. 1 vol.
— d'art et de morale, par LAPRADE. 1 vol.
Quinti Horatii Flacci, trad. par AMAR. 1 vol.

R

Rapport sur le musée céramique, par ARDANT. 2 vol.
— sur les dentelles, par AUBRY. 1 vol.
— sur les travaux de H. Brevière, par BAUDRY. 1 vol.
— sur un procédé de gravure électro-magnétique, BREVIÈRE. Brochure.
— on lace net (anglais), par BURY-PALISSER. Brochure.
— sur la manufacture de Sèvres exposition 1874, par BOUILLET. 1 vol.
— sur le canal maritime de Suez, par BELLOT. 1 vol.
— sur l'état actuel de l'enseignement spécial, par BAUDOUIN. 1 vol.
— sur la reconstruction de l'Hôtel-de-Ville, par BINDER. 1 vol.
— sur les travaux du comité des gens de lettres, par CLARETIE. 1 vol.

Rapport sur le perfectionnement de la manufacture de Sèvres, par Duc. 1 vol.

— sur le pavage et le macadamisage, par Darcy. 1 vol.

— sur l'exposition de Dunkerque, par Derode. 1 vol.

— sur la chromolithographie, par Engelmann. 1 vol.

— sur l'école de dessin de Mulhouse, par Engel-Dolfus. 1 vol.

— sur Guillaume (distribution des récompenses), par Guillaume. 1 vol.

— sur divers objets sculptés, par Guerand. 1 vol.

— sur les musées nationaux 1848, par Jeanron. 1 vol.

— du jury départemental du Nord, exposition 1849, par Koulmann. 1 vol.

— sur le paiement de l'indemnité de guerre, par Léon Say. 1 vol.

— à l'Académie des beaux-arts, par Louvain. 1 vol.

— du jury d'architecture privée, 1875, par Lucas. 1 vol.

— sur les anciens vêtements sacerdotaux, par de Linas. 1 vol.

— sur le nouvel ordre de récompenses Exposition 1867, par Leroux. 1 vol.

— du jury des récompenses de la Société centrale des architectes, par Lucas. 1 vol.

— sur les halles centrales, par Lesobre. 1 vol.

Rapport sur la visite faite à l'hôtel Carnavalet, par DE MONTAIGLON. 1 vol.

— sur la proposition de travaux d'utilité à Marseille, par ONFROY. 1 vol.

— annuel des Amis des arts de Lyon, par PETIT. Brochure.

— sur la reconstruction de l'Hôtel-de-Ville, par PERRIN. 1 vol.

— sur l'Exposition universelle de 1855, par le prince NAPOLÉON. 1 vol.

— du jury de l'exposition des beaux-arts appliqués à l'industrie, 1863.

— et compte rendu des opérations de la caisse d'épargne de Paris. 1 vol.

— des délégués des ouvriers parisiens à l'exposition à Londres, 1862. 2 vol.

— du comité des arts et métiers (école de Mulhouse). 1 vol.

— de la délégation ouvrière française à l'exposition de Vienne, 1873. 1 vol.

— sur l'organisation du Muséum d'histoire naturelle. 1 vol.

— sur l'industrie du papier de tenture, par ZUBER. 1 vol.

— à l'Empereur, sur la situation de l'instruction publique. 1 vol.

— de M. le maire d'Avignon au conseil municipal. 1 vol.

— du jury central expositions 1844, 1849, 1851, agriculture industrielle. 20 vol.

Rapport sur l'exposition universelle, 1867. 1 vol.
— sur un perfectionnement des rondes bosses par la galvanoplastie. 1 vol.
— sur la caisse d'épargne de Paris, 1874. 1 vol.
— sur une école de dessin et de modelure. 1 vol.
— sur la liberté de la fabrication des médailles. 1 vol.
— sur l'horlogerie (exposition de Londres), par le baron SEGUIER. 1 vol.
— of the council, par WITH. 1 vol.
— au conseil de la Société française de secours aux blessés, par le Dr CHENU. 2 vol.
— au conseil de santé des armées, par le Dr CHENU. 1 vol.
— à l'assemblée générale jardin d'acclimatation, par GEOFFROY-SAINT-HILAIRE. 1 vol.
— de la Société d'encouragement pour l'instruction primaire. 1 vol.
— adressé au ministre par la commission de la manufacture des Gobelins, par DENUELLE. 1 vol.
— du comité de l'école des arts et métiers de Mulhouse. 1 vol.
— sur le projet de loi relatif à l'achèvement du Louvre, par VITET. Brochure.
— sur les travaux de l'année 1867-68, Académie, bibliothèque, par DE MONTAIGLON. Brochure.
— du jury. Exposition 1867 internationale. 13 vol.
— de M. Duc, sur la manufacture de Sèvres. 1 vol.

Rapport sur les mines de zinc de la Silésie. Brochure.

Recherches sur Mlle Anne-Renée Strésor, par BELLIER DE LA CHAVIGNERIE. 1 vol.

— sur le peintre Lantara, par BELLIER DE LA CHAVIGNERIE. 1 vol.

— sur l'ancienne cathédrale d'ALBY, par DAURIAC. 1 vol.

— sur la chaux employée par les Romains, par FAYE. 1 vol.

— sur le commerce des étoffes de soie, par F. MICHEL. 2 vol.

— sur la céramique, par GRESLON. 1 vol.

— sur l'eau et le vent, par Girard. 1 vol.

— archéologiques, sur les abbayes de Paris, par HERARD. Brochure.

— sur l'Égypte moderne, par DE LABORDE.

— sur la magie égyptienne, par DE LABORDE. 1 v.

— historiques sur l'Inde, par ROBERTSON. 1 vol.

— nouvelles sur les procédés des peintres anciens, par SOEHNÉE. Brochure.

— historiques sur la cathédrale, par THEVENOT. Brochure.

— historiques sur les faïences de Sainceny, etc., par WARMONT. 1 vol.

— sur la vie et les ouvrages de quelques artistes, par CHARVET. 1 vol.

— sur les monuments et histoire des artistes normands, par le duc de LUYNES. 1 vol.

— sur J. Grolier, sur sa vie et sa bibliothèque, par LE ROUX DE LINCY. 1 vol.

Récits d'histoire, de Vercingétorix à Henri IV, par HUBAULT. 1 vol.

Récit (un) contemporain de la chute du Pont aux Meuniers, par DE MONTAIGLON. Brochure.

Recueil de dessins pour l'art et l'industrie, par DE BEAUMONT. 1 vol.

— d'expériences et d'observations, par BOISTARD. 1 vol.

— d'ornementation du XVe au XVIIIe siècle, par BALDUS. 1 vol.

— de faïence italienne des XVe, XVIe et XVIIe siècles, par CARLE DELANGE. 1 vol.

— historique de la vie et des ouvrages des plus célèbres architectes, par FÉLIBIEN DÉSAVAUX. 1 vol.

— de figures allégoriques, par FÉLIX. Brochure.

— d'ornement de bijouterie, par GOESSIN. 1 vol.

— de dessins relatifs à l'art de la décoration, par HOFFMANN. 1 vol.

— général des anciennes lois françaises, par ISAMBERT. 1 vol.

— de bois ayant trait à l'imagerie populaire, par LIESVILLE. 4 cartes.

— de gravures sur trait, par LEBRUN. 1 vol.

— de lettres, circulaires, etc., pendant son ministère, par DE NEUCHATEAU. 1 vol.

— de journaux concernant les expositions. 1 vol.

— de feuilles de souscription. 1 vol.

— des opinions émises sur la trace des vers à soie, par BRONSKI. 2 vol.

Recueil de journaux. 1 vol.
— de diverses oraisons funèbres. 1 vol.
— des arts et métiers (modèles d'orfévrerie), par SOYER. 1 vol.
— de chiffres, par SANIER. 1 vol.
— de planches, par SABATTIER. 1 vol.
— d'ornements d'après les maîtres les plus célèbres du XVe au XVIIIe siècle, par BALDUS. 1 vol.
— de siéges anciens et modernes, par VERCHÈRE. Carte.

Réflexions sur l'art de la peinture, par ARMAND. 1 vol.
— sur l'enseignement du dessin professionnel, par CASES. 1 vol.
— critiques sur la poésie et sur la peinture, par l'abbé DUBOS. 3 vol.
— sur la mauvaise qualité du plâtre, par FERROUSSAT. 1 vol.
— sur la peinture, par HUBER. 2 vol.
— sur la peinture et la gravure, par JOULLAIN. 1 vol.
— sur les avantages des produits de la mer et exploitation, par LEMOUSSU. Brochure.
— et menus propos, par TOPFFER. 2 vol.

Réforme (la) de l'école des beaux-arts, par un ÉLÈVE. Brochure.
— économique, par MENIER. 1 vol.
— (la) économique (revue). 1 vol.

Règle des cinq ordres d'architecture (italien), par BAROZZIO. 1 vol.

Règle des cinq ordres d'architecture de Vignole, par DELAGARDETTE. 1 vol.
— (la) du temps, par SULLY. 1 vol.
Règlement de la caisse de prévoyance, par GASTÉ. Brochure.
— de l'école des beaux-arts. Brochure.
— général de la société des beaux-arts à Nantes. Brochure.
— de la société des amis des arts à Dijon. Brochure.
— dell'academia Ligustius. Brochure.
— et statuts concernant le commerce. 1 vol.
— de l'exposition d'Amsterdam pour les arts appliqués à l'industrie. Brochure.
Relations des missions du Paraguay, par MURATORI. 1 vol.
— de l'inauguration de S. M. Charles VI. 1 vol.
Reliure (planches) et fac-simile des, par GROLIER. Carton.
— de la bibliothèque Saint-Marc à Venise, 1 vol.
Renaissance (la) monumentale en France, par BERTY. 2 vol.
— moyen âge (et la) (texte), par PAUL LACROIX. 3 vol.
— — (planches), par PAUL LACROIX. 4 vol.
— (ornements de la), par CLERGET. 1 vol.
Réorganisation de l'école des beaux-arts, par DE BAUDOT. 1 vol.
Répertoire archéologique du département du Tarn, par CROZES. 1 vol.

Répertoire archéologique de la France (Seine-Inférieure), par l'abbé COCHET. 1 vol.

— archéologique du département de l'Yonne, par MAX QUANTIN. 1 vol.

— archéologique du département du Morbihan, par ROSENZWEIG. 1 vol.

— archéologique du département de l'Oise, par WOILLEZ. 1 vol.

Réponse à deux questions des arts et du dessin, par COLFS. Brochure.

— d'Émeric David sur l'emploi de la peinture qui ornait les édifices sacrés chez les anciens. Br.

— à M. Vitet à propos de l'enseignement du dessin, par VIOLLET LE DUC. 1 vol.

Représentation des fêtes données au roi Louis XV par la ville de Strasbourg, par WEISS. 1 vol.

Reproduction par la photographie des chefs-d'œuvre de l'exposition. 1 vol.

— de tableaux de maîtres. 1 vol.

d'ivoires au musée Kensington (anglais). 1 vol.

Restauration (de la) des tableaux. Brochure.

Résultats comparatifs de l'enseignement primaire public, par THOREL. Brochure.

Résumé historique de l'organisation militaire, par BOUCHARLOT. 1 vol.

— historique des peintres, sculpteurs, etc., par ROCHET. 2 brochures.

— oral du progrès scientifique, par l'abbé MOIGNO. 1 vol.

Revanche (la) de la France par le travail, par MAZAROZ. Brochure.

Revirement (un) de l'opinion libérale en France, par VERNES. Brochure.

Revue archéologique de la Haute-Vienne, par l'abbé ARBELOT. 1 vol.

— artistique, par HUARD. Livr.

— du siècle littéraire. Brochure.

— historique, première année, par MOROD. 1 vol.

— bibliographique universelle (*Polyblion*). Broch.

— générale d'architecture, par CESAR DALY. 25 vol.

— des romans, par EUSEBE. 1 vol.

— archéologique. Brochure.

— européenne. Liv.

— contemporaine. Liv.

— scientifique et industrielle, science physique. 2 vol.

— des Deux Mondes. Liv.

— de Paris. Liv.

— nationale. Liv.

— de Belgique. Brochure.

— du progrès politique, social et littéraire. Broch.

— de la reliure et de la bibliophilie. Brochure.

— française. 1 vol.

— du grand monde. 1 vol.

— britannique. Brochure.

— pratique du commerce et de l'industrie dans les deux mondes. 1 vol.

— (la) indépendante. 1 vol.

— hebdomadaire de la famille chrétienne. Broch.

Revue de la famille chrétienne. Brochure.
— pittoresque. 1 vol.
— libérale. Liv.
— des idées nouvelles (Bulletin du progrès). Brochure.
— la Réforme économique. Brochure.
— illustrée des industries d'art, par GUICHARD. Liv.
— la vie à la campagne (illustrée). Brochure.
— l'Art, 57 vol.
— historique de l'ancienne langue française, par FAVRE. Brochure.
Rituel (le) funéraire des anciens Égyptiens, par LENORMAND. Brochure.
Rome (Recent excavation in) (anglais), par PARKER. Broch.
— (Catacombes de), par PERRET. 6 vol.
— (100 vues de la cité de), par PRONTI. 1 vol.
— The ancient streets of Rome (anglais), par PARKER. Brochure.
— Mémoire sur les véritables désignations des monuments (de), par LENORMAND. Broch.
— (Monuments de), par RAGUENET. 1 vol.
Rosaces italiennes. 1 vol.
Roses (les), par REDOUTÉ et THORY. 3 vol.
— Journal (des), par COCHET. Brochure.
Roumanie (la), par BOÉRESCO. 1 vol.
Ruines de Pompeï, par MAZOIS. 4 vol.

S

Sagesse des nombres (la), de 1642 à 1684. 1 vol.
Saints apôtres (les) (vieux livre allemand). Brochure.
— évangiles (les), par Bossuet. 4 vol.
— (Vie des), par Godescart. 13 vol.
Sainte chapelle de Paris (la), par Calliat. 1 vol.
— Bible (la), par Le Maistre de Sacy. 1 vol.
Salle Borgia villa Lante, peinture du cabinet de Jules II, par Piranesi. 1 vol.
Salon de 1839, par Barbier. 1 vol.
— de 1839, par Barbier. 1 vol.
— de 1845, par Baudelaire. 1 vol.
— de 1844, par Thoré. 1 vol.
— de 1853, par Vignon. 1 vol.
— de 1867 à l'exposition universelle, par Auvray. 1 vol.
— de 1850-51, par Vignon. 1 vol.
— de 1876. 1 vol.
— de 1817, par Miel. 1 vol.
— d'Horace Vernet, par Jouy et Jay. 1 vol.
— (Examen du) de 1864, par de la Fizelière. 1 vol.
— de 1850-51, par de la Fizelière. Brochure.
— (Memento du) 1875, par de la Fizelière. Broch.
— de 1852, par Loudun. Brochure.
Sancho Panza (le véritable), par un Amateur. 1 vol.
Santé des gens de lettres (de la), par Tissot. 1 vol.
Satires traduites en français, par Arioste. 1 vol.

Satires ménippée, de la vertu du Catholicon d'Espagne, par LABITTE. 1 vol.

Sceaux des rois et reines d'Angleterre, par PAUL DELAROCHE. 1 vol.

— — de France, par PAUL DELAROCHE. 1 vol.

— des grands feudataires, par PAUL DELAROCHE, 1 vol.

— des communes, par PAUL DELAROCHE. 1 vol.

Science (la) du coupeur (tailleur), par GRILLOT. 1 vol.

— (la) et la foi, par VITET. Brochure.

Scientifique (Résumé oral du progrès), par l'abbé MOIGNO. 1 vol.

Sculpteur et peintre, par ETEX. Brochure.

— (Notice sur J.-A. Houdon), par DÉLEROT et LEGRELLE. 1 vol.

— Simart, Études sur sa vie et sur ses œuvres, par EYRIÈS. 1 vol.

— (Essai sur le classement chronologique des) grecs. Brochure.

— Notice sur sa vie et ses ouvrages, par MILHOMME. Brochure.

Sculpture sur bronze, par GUILLAUME. Brochure.

— décorative, par DANIEL RAMÉE. 2 vol.

— antiques grecques et romaines. 1 vol.

— et inscriptions d'Athènes, par VISCONTI. 1 vol.

— antique et moderne, par MENARD. 1 vol.

— (Histoire de la) avant Phidias, par BEULÉ. 1 vol.

Sculpture (Musées de) (texte), par DE CLARAC. 6 vol.
— — (atlas), par DE CLARAC. 6 vol.
— (Essai sur les causes de la) antique, par CHEVALIER LOUIS GILLIER. Brochure.
— (Essai sur la), par DANDRÉ BARDON. 2 vol.
— Sculptura carmen (italien), par DOISSIN. 1 vol.
— (Histoire de la) française, par ÉMERIC DAVID. 1 vol.
— (Essai historique de la) française, par ÉMERIC DAVID. 1 vol.
— (Modèles de) (Planches). Carton.
— (Fragments antiques de), par PERCIER ET FONTAINE. 1 vol.
— (Considérations sur la), par RUDE. 1 vol.
— (Musée universel de), par SOHN. Brochure.
— the Italian Collection of carvings. 1 vol.
— (Essai sur la peinture et la), par de B. 1 vol.
— (Académie de peinture et de), par DESEINE. 1 vol.
— (Examen raisonné des ouvrages de peinture et de), par DELPECH. Brochure.
— (Architecture, Peinture et) d'Allemagne, par FORSTER. 6 vol.
— (des Principes de l'architecture et de la), par FÉLIBIEN. 1 vol.
— (l'Académie royale de peinture et de), par JACOB (Bibliophile). Brochure.
— (des Causes physiques de la peinture et la), par LE BARBIER. Brochure.

Sculpture (Lettres sur la peinture et la). 1 vol.
— (Art antique, architecture) et art domestique, par MENARD. 1 vol.
— (Principes d'architecture et de). 1 vol.
Secrets concernant les arts et métiers. 2 vol.
Séjour de Jacques Callot à Bruxelles, par ALVIN. 1 vol.
Sellerie et harnais, par LIÉGARD. 1 vol.
Semaine (la) du constructeur (journal), par CÉSAR DALLY. 1 vol.
Sériciculture simplifiée, par DUFOUR. 1 vol.
Serrureries. 1 vol.
— et fontes de fer, par THIOLLET. 1 vol.
Siècle (le) littéraire (Revue). 1 vol.
Siéges (Recueil de) anciens et modernes, par VERCHÈRE. Carte.
— de Paris, exposition de peinture. Brochure.
Société permanente des amis des arts à Dijon, par PÉRIGNON. Brochure.
— centrale des architectes (annuaire 1874). 1 vol.
— centrale des architectes (Bulletin mensuel). Liv.
— académique du département des Hautes-Pyrénées. Brochure.
— des amis des arts du département de la Loire. Brochure.
— des amis des arts de Lyon. Brochure.
— des artistes sculpteurs éditeurs. Brochure.
— des architectes. Brochure.
— centrale des architectes (annales 1874). 1 vol.
— des aquafortistes. 4 vol.

Société française de gravures (compte rendu). Broch.
— — — (statuts). Brochure.
— d'encouragement pour l'industrie nationale. Brochure.
— de l'éclairage au gaz de Marseille. Brochure.
— centrale protestante d'évangélisation. Broch.
— d'encouragement pour l'amélioration des races de chevaux en France. Brochure.
— pour l'assistance paternelle (fleurs et plumes). Brochure.
— nationale pour l'extinction du paupérisme. Brochure.
— hippique française. Brochure.
— libre des beaux-arts. Brochure.
— d'enseignement professionnel du département du Rhône. Brochure.
— des artistes français. Brochure.
— des amis des pauvres. Brochure.
— agricole et industrielle du département du Lot. Brochure.
— des gens de lettres. Brochure.
— des agriculteurs de France. Brochure.
— protestante du travail. Brochure.
— protectrice des Alsaciens-Lorrains. Brochure.
— de secours des amis des sciences, par THENARD. Brochure.
— des amis des arts du Limousin, par HERVÉ. Br.
— d'apprentissage des jeunes orphelins. Broch.
— des missions évangéliques chez les peuples non chrétiens. Brochure.

Société des amis des arts du département de l'Yonne (statuts). Brochure.
— des amis des arts 1848. Brochure.
— des architectes du département du Nord. Liv.
— d'encouragement pour l'industrie nationale. Brochure.
— pour l'encouragement de l'instruction primaire. Brochure.
— d'encouragement pour la propagation des livres d'art. Brochure.
— Statuts des amis des arts de la Moselle. Broch.
— (Statuts de la) artistique des Bouches-du-Rhône. Brochure.
— (Statuts de la) des architectes du département du Nord. 1 vol.
— (Statuts de la) de dessin de Mulhouse. Broch.
— (Statuts de la) libre de la Seine-Inférieure. Brochure.
— (Statuts constitutifs de la) de statistique des Deux-Sèvres. Brochure.
— du Jardin zoologique d'acclimatation. Rapport, par Geoffroy St-Hilaire. Brochure.
— (la) d'économie politique, par Menier. Broch.
— pour l'enseignement professionnel des femmes. Brochure.
— (Annales de la) d'architecture de Lyon. 1 vol.
— biblique de France. Brochure.
— d'agriculture, sciences et arts de Meaux. Br.
— per scuola preparatoria d'intaglio (arts professionnels). Brochure.

Société universelle de la littérature des sciences et des (arts statuts). 1 vol.
— des architectes du département du Nord. Bul. 6. Brochure.
Soie (l'Enseignement nécessaire à l'industrie de la), par Rondot. 1 vol.
Soieries (Échantillons de) anciennes. Carton.
— — modernes. 2 cartons.
— — époque Louis XV. Carton.
— — époques Louis XV et XVI. Carton.
— velours, un carnet.
Soldat (le) suédois. 1 vol.
Songe (le) du poëte, par Goult de Tourlaville. Brochure.
Souvenirs de 30 ans. Brochure.
— sur Th. Rousseau. 1 vol.
— d'une promenade à Versailles. 1 vol.
— de l'exposition artistique et historique de la ville de Meaux. Brochure.
— de l'exposition (union centrale), par Dutuit. Brochure.
Spécimens de la décoration A, B, C., par Liénard. 3 vol.
— de la décoration et de l'ornement par Liénard. 1 vol.
— d'anciennes peintures anglaises, par Schaw. 1 vol.
Spiritualité (John Phédon, ou entretiens sur la) de l'âme, par Moses Mendels. Brochure.

Stalles du chœur de la cathédrale d'Auch., par SANEET. 1 vol.

Statistique de la France industrielle 1873. 1 vol.

— médico-chirurgicale de la campagne d'Italie, 1859-60, par Dr CHENU. 2 vol.

Statuaire, Simart, Étude sur sa vie et sur ses œuvres, par EYRIÈS G. 1 vol.

— Canova et ses ouvrages, par QUATREMÈRE DE QUINCY. 1 vol.

Statue équestre de Louis XV, par L'EMPEREUR et MARETTI. 1 vol.

— de la Renommée provenant du mausolée du duc d'Épernon à Cadillac, par BRAQUEHAYE. 1 vol.

— musée Clément. 2 vol.

Statues antiques, par PIRANESI. vol.

Statuts de l'union centrale des beaux-arts appliqués à l'industrie. Brochure.

— des amis des arts de la Moselle. Brochure.

Stéréoplastie (Brevet, acte de naissance de la), par CHONET. Brochure.

Styles divers d'architectures indiennes illustrées (anglais). 1 vol.

Sucre (Sur l'incestivité optique du), par GIRARD. Brochure.

Suffrage (le) universel et l'instruction primaire, par TALBOSY. Brochure.

Symboles héraicis.

Système des connaissances chimiques, par FOURCROY. 5 vol.

T

Tableaux (Poëme sur les) dont l'armée d'Italie a enrichi le muséum, par LAVALLÉE. Broch.
— (de la Restauration des), par BEDOTTI. Brochure.
— (Examen du) des Sabines (Ecole David). Brochure.
— de Carletto, par POUJOULAT. 1 vol.
— (Notice sur des) du musée du Louvre, par VILLOT. 5 vol.
Table des artistes ayant exposé au salon du XVIIIe siècle, par GUIFFREY. 1 vol.
Tablettes de l'inventeur, par THIRION. 1 vol.
Taciti opera. 1 vol.
Tapis et tapisseries de l'exposition 1862, par CHOCQUEL. Brochure.
— d'un usage ordinaire. Brochure.
Tapisseries du XVIIe siècle d'après les cartons de Raphaël, par ABOUT. 1 vol.
— (les) de Bayeux, par JUBINAL. Carte.
— (les) du sacre d'Angers. Brochure.
— du roi représentant les 4 éléments, par TOYTOT. 1 vol.
— (Album de la), par FISCHBACH. Carte.
— (Toiles et) de la ville de Reims, par LEBERT-BAIS. 2 vol.
— (Toiles et) de la ville de Reims, par PARIS. 1 vol.
— (Essai sur l'histoire des), par CHOCQUEL. Brochure.
— (Notices archéologiques sur les tentures et)

de la cathédrale d'Angers, par DE FARCY. Brochure.

Tapisseries (Notice sur les) des Gobelins, par LACORDAIRE. 1 vol.

— 10 épreuves, photographie. 1 vol.

— (42) photographies, exposition 1876. Carton.

— (Anciennes) historiques. 1 vol.

— (les) décoratives du garde-meuble, par GUICHARD. 1 vol.

Tapissier (Manuel géométrique du) (texte), par VERDELLET. 1 vol.

— — — (atlas). 1 vol.

Technologiste (le) (journal hebdomadaire) art industriel, par LOCKERT. 1 vol.

Teinture (l'Art de la) des fils et étoffes de coton. 1 vol.

Télégraphes (la Télégraphie et les), par LAVIALLE. 2 vol.

— Documents législatifs sur la télégraphie électrique par LAVIALLE. 1 vol.

— Manuel pratique de télégraphie électrique, par COUDRAY. 1 vol.

Temples anciens et modernes. 1 vol.

— anciens, par HUET. 1 vol.

Temps historiques de la Grèce, par BEHR. 1 vol.

— (les) divisions principales, par SAUNIER.

The ancient streets of Rome (anglais), par PARKER.

— Schnow storn-or — 1 vol.

Théâtre des instruments mathématiques, par BEROALD. 1 vol.

— d'Herculanum, par PIRANESI. 1 vol.

Théâtre (le) et l'architecture, par TRELAT. 1 vol.
— (le) de Champlieu, par PEIGNÉ DELACOUR. 1 vol.
— (Essai sur l'art de construire les), par BOULLET. 1 vol.
— (Mémoire pour servir à l'édification du), par ASTRUC. Brochure.
— (Monographie du), du Vaudeville à Paris, par SŒUR. 1 vol.
— (Plans du) du Châtelet, par DAVIOUX. Carte.
Théorie des sentiments agréables, par L'EVÊQUE DE POUILLY. 1 vol.
— du geste dans la peinture, par PAILLOT DE MONTABERT. 1 vol.
— pratique de la perspective, par PELLEGRIN. 6 vol.
— du jardin. 1 vol.
— pratique du jardinage. 1 vol.
— (the) of agreable sensation (anglais). 1 vol.
— de l'ornement, par BOURGOIN. 1 vol.
— et application de l'impôt sur le capital, par MENIER. Brochure.
— de son gouvernement pour l'instruction publique, par CATHERINE II. 2 vol.
Thermolampes, par LEBON. 1 vol.
Thesaurus imaginum (images de poissons), par RUMPHUIS. 1 vol.
Thèse pour la licence. Brochure.
Tissus (anglais), par BOCH. 1 vol.
— (anglais). 1 vol.
— (les) anciens reconstitués, par GUICHARD. 1 vol.

Tissus l'Ornement des tissus, par DUPONT-AUBERVILLE. 1 vol.

Tite-Live (en allemand). 1 vol.

Toiles et tapisseries de la ville de Reims, par LEBERT-BAIS. 2 vol.

— et tapisseries de la ville de Reims, par PARIS. 1 vol.

Tombeaux de Louis XII et de François Ier, par IMBART. 1 vol.

— chrétiens de l'époque romaine dans les Gaules, par BRAQUEHAYE. 1 vol.

— (Description du) de l'Empereur, par LE-JEUNE. Brochure.

— de Napoléon 1er, par VISCONTI. 1 vol.

Toulouse, par JUBINAL. Brochure.

Tour du monde en 320 jours. Six mois d'excursion. Brochure.

Traité sur la filature du coton (texte), par ALCAN. 1 vol.

— sur la filature du coton (atlas). 1 vol.

— de la coupe des pierres (texte), par ADHÉMAR. 1 vol.

— de la coupe des pierres (atlas), par ADHÉMAR. 1 v.

— de perspective (texte), par ADHÉMAR. 1 vol.

— de perspective (atlas), par ADHÉMAR. 1 vol.

— de géométrie descriptive (texte), par ADHÉMAR. 1 vol.

— de géométrie descriptive (atlas), par ADHÉMAR. 1 vol.

— de miniature, par BALLARD. 1 vol.

— de perspective, par BERNARD LAMY. 1 vol.

Traité de constructions rurales, par Bosc. 1 vol.
— de pratique géométrale, par Bosse. 1 vol.
— du beau, par de Crouzas. 2 vol.
— sur la construction des manufactures, par Cointeraux. 1 vol.
— sur la fabrication du châle des Indes, par Deneyrousse. 1 vol.
— de lithographie, par Engelmann. 1 vol.
— sur le pastel, par Giobert. 1 vol.
— de perspective linéaire (texte), par de la Gournerie. 1 vol.
— de perspective linéaire (atlas), par de la Gournerie. 1 vol.
— pratique du chauffage et de la ventilation, par Joly. 1 vol.
— de la peinture, par Léonard de Vinci. 1 vol.
— des statues, par Lemée. 1 vol.
— de géométrie à l'usage des artistes, par Leclerc. 1 vol.
— des réparations (loi du bâtiment), par A. Lebègue. 1 vol.
— de la peinture au pastel, par M. P. R. 1 vol.
— spécial à la bijouterie, par Moreau. 1 vol.
— de la statuaire et de la peinture, par Popelin et Alberti. 1 vol.
— d'architecture rurale, par Perthuis. 1 vol.
— complet de la peinture, par Paillot de Montabert. 1 vol.
— théorique et pratique de l'art de bâtir (texte), par Rondelet. 5 vol.

Traité théorique et pratique de l'art de bâtir (atlas), par RONDELET. 1 vol.
— sur les vernis, par TAINGRY. 2 vol.
— d'architecture, par TOUSSAINT. 2 vol.
— de fleurs en papier. 1 vol.
— de plusieurs beaux secrets, par THIQUET. 1 vol.
— d'architecture, par VITRUVE. 1 vol.
— de la couleur et de la lumière, par ZIÉGLER. 1 vol.
— de la législation et de l'administration de la voirie urbaine, par CILLEULS. 1 vol.
— d'architecture, par LECLERC. 2 vol.
— d'architecture rurale, par PERTHUIS. 1 vol.
— de gravure à l'eau-forte, par LALANNE. 1 vol.
Transfiguration (la) de Raphaël, par CROZE-MAGNAN. 1 vol.
Travail (le) universel, par ARNOUX. 2 vol.
Travailleurs (les) à la seconde chambre, par FOLCY. Brochure.
Travaux et bienfaits de M. le baron Benjamin Delessert, par DUPIN CHARLES. 1 vol.
— (les) d'Ulysse, par PRIMATICE. 1 vol.
Tréport (le), par ADELINE. Brochure.
Trésors (les) de l'art à Manchester, par CHARLES BLANC.
— (les) sacrés de COLOGNE, par BOCH. FRANTZ. 1 vol.
— de Hildesheim, par DARCEL. Brochure.
— de Guarrazar, par DE LASTEYRIE. 1 vol.
Tribunal de commerce d'Amiens. Brochure.
Tribune (la) judiciaire, par SABBATIER. Brochure.
— (la) des artistes, par JACQUEMART. Brochure.

Tribune artistique et littéraire du midi. Brochure.
Tricographie (album), par SAJOU. 1 vol.
Triomphe (le) de Charles IV, par DERUET. 1 vol.
Tuileries (Proposition pour l'achèvement des), par MAUDUIT. Brochure.
Tulle (Histoire du), par FERGUSON. 1 vol.
Types français et étrangers de l'Imprimerie. Carton.
Typographie (Aperçu sur les progrès de la), par DUPRAT. Brochure.

U

Union nationale du commerce et de l'industrie. Brochure.
Univers pittoresque, par CÉSAR FIRMIN. Liv.
Universal Catalogue of Books on art, par EYTZINGER. 9 vol.
— — — 2 vol.
Universelle (la petite) presse typographique, par LUCIANI. Brochure.
Usages civils et militaires, par PIRANÉSI. 1 vol.
Usines (les Grandes) de France, par TURGAN. 10 vol.

V

Vade-mecum du photographe, par GAUDIN. 1 vol.
Wagon du train impérial, par VIOLLET LE DUC. 1 vol.
Vases et candélabres, par PIRANESI. 2 vol.

Vie des peintres flamands, allemands et hollandais, par DESCAMP. 4 vol.
— des peintres flamands et hollandais, par DARGENVILLE. 1 vol.
— des peintres, par FÉLIBIEN. 2 vol.
— de Michel-Ange, par HAUCHERORNE. 1 vol.
— de Joseph Vernet, par LAGRANGE. Brochure.
— des premiers peintres du roi, depuis Lebrun, par LEPICIÉ. 1 vol.
— militaire et religieuse au moyen âge, par PAUL LACROIX. 1 vol.
— des peintres. 2 vol.
— (la) à la campagne (Revue illustrée). Brochure.
— privée de Louis XV. 2 vol.
Vieil (le) Amiens, dessiné d'après nature, par DUTHOY. Carton.
Vierge (la) au poisson de Raphaël, par BELLOC. 1 vol.
Vigne (la) américaine, par ROBIN et PULLIAT. Broch.
Vignétistes (les), par DE GONCOURT. Brochure.
Vignole des ouvriers, par NORMAND. 1 vol.
— centésimal ou les règles des cinq ordres d'architecture, par RENARD. 1 vol.
Villa Saint-Maur-les-Fossés. Villa Bourières, par l'abbé — PASCAL. Brochure.
Ville de Pæstum, par PIRANESI. 1 vol.
Vicissitudes, heur et malheur du Vieil-Hesdin, par — DAUVIN. 4 vol.
Visites et études de l'exposition de 1855, par le prince NAPOLÉON. 2 vol.
Vitrail (Essai historique sur le), par THEVENOT. 1 vol.

Vitraux de l'église Saint-Patrice à Rouen, par BAUDRY. 1 vol.
— de la cathédrale de Tournay. 1 vol.
— peints de la cathédrale du Mans, par HUCHER.
Vocabulaire archéologique français-anglais, par BERTY. 1 vol.
— symbolique anglo-français, par RAGONOT. 1 vol.
Volontaires (les) de 1791 à 1794, par C. ROUSSET. 1 vol.
Voitures (Compagnie générale des) de Paris. Brochure.
— Modèles de voitures, par FOURGAIS. 1 vol.
Voyage à travers l'exposit. des beaux-arts, par ABOUT. 1 vol.
— en Égypte et en Nubie, par AMPÈRE. 1 vol.
— dans l'Inde, par ALEP. 2 vol.
— au grand Mogol, par BERNIER. 2 vol.
— pittoresque de la Flandre, par DESCAMPS. 1 v.
— en Sicile, par DENON. 1 vol.
— pittoresque et archéologique en Russie, par DEMIDOF. 1 vol.
— en Perse, par FLANDRIN. 5 vol.
— dans l'archipel Indien, par FONTANIER. 1 vol.
— aux Indes orientales, par GAUTHIER SCHOUTEN. 1 vol.
— aux Indes orientales, par GROSSE. 1 vol.
— de l'Arabie Pétrée, par DE LABORDE. 1 vol.
— en Autriche, par DE LABORDE. 3 vol.
— aux Grandes Indes, par LUILLER. 1 vol.
— dans l'intérieur de la Chine et en Tartarie, par lord MARCARTNEY. 5 vol.

Voyage artistique en France, par PESQUIDOUX. 1 vol.
— dans l'Indoustan, par PERRIN. 2 vol.
— autour du monde et vers les deux pôles, par PAGÈS. 2 vol.
— de Naples et de la Sicile, par SAINT-NON. 5 vol.
— du jeune Anacharsis en Grèce. 4 vol.
— en Chine en 1853. 1 vol.
— de Nicolaï. 1 vol.
— d'études autour du monde. Brochure.
— en Grèce, par YEMENITZ. 1 vol.
— de la haute Égypte, observation sur les arts égyptien et arabe, par CHARLES BLANC. 1 vol.
— dans les mers de l'Inde, par GENTIL. 2 vol.
— (les) d'études autour du monde. Brochure.

Vues d'Italie, par FERRARI. 1 vol.
— de Rome, par PIRANESI. 2 vol.
— de France et d'Italie. 1 vol.

Windsor, par DEPRET. Brochure.

Z

Zinc. Ornements estampés et repoussés, cuivres, tôle et plomb (album), par COUTELIER. 1 vol.

GRAVURES

PLANS, PROFILS ET VUES DE CAMPS, PLACES, SIÉGES ET BATAILLES SERVANT A L'HISTOIRE DE LOUIS XIV, GRAVÉS D'APRÈS BEAULIEU, PAR COLIGNON, COCHIN, ETC.

UN CARTON N° 1, *renfermant 88 planches.*

Portraits de Louis XIV.
Ordre de bataille de Rocroy, 2 planches.
Bataille de Rocroy, 2 planches.
Plan de la ville de Thionville.
Profil de Thionville.
Profil de Sirck en Lorraine, 2 planches.
Carte du gouvernement de Frise.
Profil de Rotterville.
Prise de Trèves.
Carte du gouvernement de Gravelines.
Gravelines.
Campagnes du duc d'Enghien, 2 planches.
Combats devant la ville et château de Fribourg, 2 planches.
Plan du fort Watte.
Profil de Spire.
Carte du gouvernement de Saint-Ya.
Profil de la ville de Worms.
— de Mayence.
— de Landau.

Plan du siége et reprise d'Ast.
Plan de la ville et môle de Tarragone.
Profil de Tarragone.
Plan du camp de César près d'Arras.
Profil de Creutznach.
Plan de la ville de Roses.
Bataille de Liorens.
Plan du passage du Rhin.
Plan de la ville de la Motte.
Profil de la Motte.
Mardich assiégée par l'armée du roi.
Profil de Mardick.
Plan de la ville de Rottembourg.
Profil de Rottembourg.
Plan du fort de Linck.
Ordre de bataille de Nordlingen, 2 planches.
Bataille de Nordlingen, 2 planches.
Profil de Nordlingen.
Plan de la ville de Bourbourg.
Profil de Bourbourg.
Plan de la ville de Dinckespuhel
— de Montcassel.
— et château de Béthune.
Profil de Béthune.
Profil de la ville de Lillers.
Plan de la ville de Saint-Venant.
Profil de Saint-Venant.
Plan de la ville d'Armentières.
Profil d'Armentières.
Plan de la ville de Vigérano.

Plan de Menin.
Plan de la ville et château de Balaguer.
Profil de Trèves.
Plan de la ville de Courtray.
Profil de Courtray.
Plan de la ville de Bergue-Saint-Vinox.
Profil de Bergue-Saint-Vinox.
Plan du fort de Mardick.
Profil du fort de Mardick.
Plan de la ville de Furnes.
Profil de Furnes.
Plan et siége de Dunkerque.
Profil de Dunkerque.
Plan de la ville de Piombine.
Profil de Piombine.
Plan de la forteresse de Portolongone.
Profil de Portolongone.
Profil de la Bassée.
Plan de la ville de Dixmude.
Profil de Dixmude.
Plan du combat entre les villes de Dixmude et Nieuport.
Plan de la ville de Lens.
Profil de Lens.
Profil de la ville et château d'Ager.
Profil de la ville de Constantin.
Plan de la ville d'Ypres.
Profil d'Ypres.
Plan de la ville et château de Tortose.
Profil de Tortose.
Profil de la ville de Flix.

Armées rangées en bataille près de Lens, 2 planches.
Bataille de Lens.
Profil de la bataille de Lens.
Furnes repris aux Espagnols.

CARTON N° 2, *renfermant 59 planches.*

Bataille de Rethel.
Profil de Rethel.
Profil de la ville de Mousson.
Plan de la ville et citadelle de Stenay.
Profil de Stenay.
Plan du siége d'Arras.
Plan du camp des armées du roi, pour le secours d'Arras.
Plan des attaques à la corne de Guiche d'Arras.
Profil d'Arras.
Profil de la ville du Quesnoy.
— de Clermont en Barrois.
— de Landrecies.
Plan de la ville du cap de Quiers (1655).
Profil du cap de Quiers.
Plan de la ville et du château de Valence (1656).
Profil de la Capelle.
Plan de la ville de Montmédy (1657).
Profil de Montmédy.
Bataille des Dunes (1658).
Plan de la ville et port de Dunkerque
Profil de la ville de Commines.
Carte du gouvernement de Calais.

Plan de la ville de Mortare (1658).
Plan de l'Isle de la Conférence (1659).
L'Isle de la Conférence.
Profil de Fontarabie.
Plan de l'Isle des Faisans.
Profil et vue de l'Isle de la Conference, 2 planches (1662).
Plan de la ville de Vic, Moyenvic et Marsal.
Profil de Moyenvic.
Profil de Marsal.
Plan de l'Isle de Candie (1668).
Profil de la ville de Candie.
Plan de la ville et des attaques de Maëstrick.
Bataille de Sintzheim (1674).
— d'Ensheim.
Profil de la ville de Condé (1676).
— — d'Aire.
Plan de la bataille de Cassel (1677).
Profil de la ville de Saint-Omer.
Attaques de la ville de Gênes (1684).
Plan de la ville de Tripoli (1685).
Plan du siége de Philisbourg (1688).
Profil de Philisbourg.
Plan de la ville de Mons (1691).
— et citadelle de Namur (1692).
Profil de la ville de Liége.
— de Roses (1693).
Plan de la ville de Charleroy.
Bataille du Ter, 2 planches (1694).
Plan de la ville et citadelle de Palamos.

Profil de la ville de Gironne.
Plan du siége d'Ath (1697).
Plan de la ville de Barcelone, 4 planches.
Profil de Barcelone.

CARTON N° 3.

Le grand escalier de Versailles, 7 planches, y compris le titre, d'après M. le Brun, par Étienne Baudet.
Le grand escalier de Versailles, titre.
L'Asie.
L'Europe.
L'Afrique.
L'Amérique.
Le milieu, où l'on voit un globe chargé de trois fleurs de lys.
Le Trépied d'Apollon.

TABLEAUX DE LA VOUTE DE LA GALERIE DU PETIT APPARTEMENT DU ROI A VERSAILLES, PEINTS PAR MIGNARD.

Apollon distribue des récompenses aux sciences, aux arts, etc.
La Prévoyance et le Secret, avec leurs symboles.
La Vigilance avec ses symboles, et Mercure.
Tableaux de la voûte de la grande galerie de Versailles, par Le Brun gravé par SIMONNEAU.
Plafond du grand escalier, par Le Brun; gravé par SIMONNEAU.

PLANS, ÉLÉVATIONS ET VUES DU CHATEAU DE VERSAILLES.

Plan du château de Versailles, sans titre, par DE LA POINTE.

Autre plan du château de Versailles, par SYLVESTRE.

Plan du château de Versailles avec tous ses appartements, par SYLVESTRE.

Vue et perspective du côté de l'entrée, par SYLVESTRE.

Vue du milieu de la grande avenue, par SYLVESTRE.

Vue de l'avant-cour 1674, par SYLVESTRE.

Vue de l'avant-cour 1682, par SYLVESTRE.

Vue de la grande place, par SYLVESTRE.

Vue du côté de l'Orangerie, par SYLVESTRE.

Vue du côté du jardin, par SYLVESTRE.

Vue du côté de l'allée d'Eau, par SYLVESTRE.

Plan général du château et du petit parc, par SYLVESTRE.

Plan de la maison royale, par SYLVESTRE.

Vue et perspective de dedans l'anti-cour, par SYLVESTRE.

Vue du château, des jardins et de la ville de Versailles, du côté de l'étang.

Vue du château et des deux ailes du côté des jardins, par SYLVESTRE.

Élévation de la face de l'Orangerie, 2 planches, par NOLIN.

Élévation d'une des faces des côtés des écuries du roi, 2 planches, par LE PAUTRE.

TABLEAUX DU ROI.

Le Déluge, par VÉRONÈSE; gravé par EDELINCK.
Rebecca, du POUSSIN; gravé par ROUSSELET.
Moïse sauvé, du POUSSIN; gravé par ROUSSELET.
La Manne, du POUSSIN; gravé par CHATEAU.
L'Arche du Seigneur dans le temple de Dagon, du POUSSIN; gravé par PICART LE ROMAIN.
La Sainte Famille, du vieux PALME; gravé par PICART LE ROMAIN.
Jésus dormant, du CARRACHE; gravé par CHATEAU.
Les Aveugles de Jéricho, du POUSSIN; gravé par CHATEAU.
Le Denier de César, de VALENTIN; gravé par CHATEAU.
Jésus-Christ descendu de la Croix, du TITIEN; gravé par ROUSSELET.
Jésus-Christ et les disciples d'Emmaüs, du TITIEN; gravé par MASSON.
Martyre de saint Étienne, du CARRACHE; gravé par CHATEAU.
Martyre de saint Étienne, du CARRACHE; gravé par BAUDET.
Séparation de saint Pierre et de saint Paul, de LANFRANC; gravé par PICART LE ROMAIN.
Jésus-Christ épouse sainte Catherine, du CORRÉGE; gravé par PICART LE ROMAIN.
Pyrrhus à la mamelle, du POUSSIN; gravé par CHATEAU.
Concert de musique, du DOMINICAIN; gravé par PICART LE ROMAIN.

La Transfiguration, 2 planches, de RAPHAEL D'URBIN; gravé par SIMON THOMASSIN.

TAPISSERIES DU ROI,

GRAVÉES D'APRÈS M. LE BRUN, PAR SÉBASTIEN LE CLERC.

Frontispice commun aux quatre Éléments et aux quatre Saisons de l'année.

L'élément du Feu.

L'élément de l'Air.

L'élément de la Terre.

L'élément de l'Eau.

Frontispice particulier aux quatre Éléments.

Frontispice particulier aux devises des quatre Éléments.

Le Feu : 1re devise, un encensoir, 2e une fusée volante, 3e un phare, 4e un chêne frappé de la foudre.

L'Air : 1re devise, un arc-en-ciel, 2e l'oiseau de paradis, 3e un essaim d'abeilles, 4e un aigle tenant un foudre.

La Terre : 1re devise, un tournesol, 2e un sapin, 3e une houlette, 4e un lion qui se repose.

L'Eau : 1re devise, une mer, 2e un jet d'eau, 3e un grand fleuve, 4e un dauphin.

Frontispice où sont représentées les quatre Saisons.

Le Printemps.

L'Été.

L'Automne.

L'Hiver.

Saison du Printemps : 1re devise, des fleurs dans un parterre, 2e une hirondelle, 3e une lance, 4e un rosier.

Été : 1re devise, une gerbe de blé, 2e un lis, 3e une équerre, 4e un Alcyon bâtissant son nid sur la mer.

Automne : 1re devise, une grenade, 2e une vigne de Virginie, 3e un cor de chasse, 4e un faucon fondant sur sa proie.

Hiver : 1re devise, la fleur perce-neige, 2e un foyer, 3e un amphithéâtre, 4e une machine.

Renouvellement d'alliance avec les Suisses, le 18 novembre 1663.

Siége de Tournay en 1667.

Siége de Douay en 1667.

Défaite de l'armée espagnole en 1667.

Cérémonie du mariage de Louis XIV.

Entrevue de Louis XIV et Philippe IV, roi d'Espagne.

Une planche sans titre.]

CARTON N° 5.

FÊTES DE VERSAILLES COMMENCÉES LE 7 MAI 1664.

Les plaisirs de l'Ile enchantée, par SYLVESTRE.

Marche du roi et de ses chevaliers, par SYLVESTRE.

Comparses du roi et de ses chevaliers, par SYLVESTRE.

Course de bague, par SYLVESTRE.

Comparse des quatre Saisons, par SYLVESTRE.

Festin du roi et des reines, par SYLVESTRE.
Théâtre sur lequel la comédie et le ballet furent représentés, par SYLVESTRE.
Théâtre dressé au milieu du grand étang, par SYLVESTRE.
Rupture du palais, etc., par SYLVESTRE.
Collation dans le petit parc, par LE PAUTRE.
Les fêtes de l'amour et de Bacchus, par LE PAUTRE.
Festin dans le petit parc, par LE PAUTRE.
La salle du bal, par LE PAUTRE.
Illuminations du palais et des jardins, par LE PAUTRE.
Alceste, tragédie, par LE PAUTRE.
Concert de musique, par CHAUVEAU.
Le Malade imaginaire, par LE PAUTRE.
Festin dont la table était dressée autour de la fontaine, par LE PAUTRE.
Feu d'artifice, par LE PAUTRE.
Illuminations, par LE PAUTRE.

CARTON N° 4.

True valour is always invincible, par LE BRUN.
Virtus timoris nescia sordidi.
La vraie valeur est toujours invincible, par PICART.

PLANS, ÉLÉVATIONS ET VUES DU LOUVRE ET DES TUILERIES.

Plan général du château du Louvre et du palais des Tuileries, 2 planches, par BERAIN.

Représentation des machines qui ont servi à élever les deux grandes pierres qui couvrent le fronton de la principale entrée du Louvre, par LE CLERC.

Face principale du Louvre, par MAROT.

Plan du côté du Louvre qui regarde la rivière, par MAROT.

— — vu de la cour à gauche, par MAROT.

Plan général du palais des Tuileries, 2 planches, par SYLVESTRE.

Vue du palais des Tuileries du côté de l'entrée et du premier étage, 2 planches, par SYLVESTRE.

Vue du palais des Tuileries du côté du jardin, 2 planches, par SYLVESTRE.

Plan du jardin des Tuileries, par SYLVESTRE.

Vue du palais et des jardins des Tuileries, par SYLVESTRE.

Vue du palais et des jardins des Tuileries du côté du Cours-la-Reine, par SYLVESTRE.

Cinq grandes planches de paysages et sujets de chasses, par BAUDINNS, sculpteur.

PLANS ET PROFILS APPELÉS LES PETITES CONQUÊTES.

CARTON N° 6.

Arc de triomphe de Louis XIV à la porte Saint-Antoine, par LE CLERC.

Orsoy, par CHATILLON.

Burich, par CHATILLON.

Rinberg, par CHATILLON.
Réez, par LE CLERC.
Emmerick.
Le Passage du Rhin, par DOLIVART.
Le fort de Schenck, par LE CLERC.
Doesbourg, par CHATILLON.
Utrecht, par CHATILLON.
Nimègue, par LE CLERC.
Frise de l'ouvrage à cornes de Maëstrick, par CHATILLON.
Maëstrick, par MAROT.
Grey, par LE CLERC.
Salins, par CHATILLON.
Besançon, par MAROT.
Dôle, par MAROT.
Sortie de la garnison de Dôle, par COLIN.
Bataille de Sintzheim, par LE CLERC.
— de Seneff, par LE CLERC.
Messine secourue, par LE CLERC.
Dinant, par CHATILLON.
Huy, par CHATILLON.
Agousta, par LE CLERC.
Bataille navale près Agousta, par LE CLERC.
Bouchain, par LE CLERC.
Bataille de Palerme, par LE CLERC.
Aire, par CHATILLON.
L'Escalette, par LE CLERC.
Valenciennes, par DOLIVART.
Bataille de Cassel en grand, par LE CLERC.
— par LE CLERC.
Cambray, par CHATILLON.

Dehors de la citadelle de Cambray, par CHATILLON.
Saint-Omer, par CHATILLON.
Fribourg, par CHATILLON.
Gany, par CHATILLON.
Sortie de la garnison de Gand, par DOLIVART.
Ypres, par MAROT.
Citadelle d'Ypres, par CHATILLON.

CARTON N° 7.

Cinq gravures représentant diverses poses de chevaux.
Vingt-six planches représentant 76 sujets et paysages.
Dix portraits gravés.

TABLEAUX DU ROI.

La Sainte Famille de RAPHAEL, par EDELINCK.
David, du DOMINIQUIN, par ROUSSELET.
Saint Michel, de RAPHAEL d'Urbin, par GILLES.
L'Homme sensuel, du CORRÉGE, par PICARD LE ROMAIN.
La vertu héroïque, — , par PICART LE ROMAIN.
Sainte Cécile du DOMINIQUIN, par PICART LE ROMAIN.
Saint François du GUIDE, par ROUSSELET.
Saint Antoine de Padoue, de VAN DICK, par ROUSSELET.
Combat d'Hercule, du GUIDE, par ROUSSELET.
Enlèvement de Déjanire, — par ROUSSELET.
Hercule tuant l'hydre, — par ROUSSELET.
Hercule sur le bûcher, — par ROUSSELET.
Énée et Anchise, du DOMINIQUIN, par AUDRAN.

Saint Paul au troisième ciel, du POUSSIN, par CHATEAU.
L'Assomption de la Sainte Vierge, du CARRACHE, par CHATEAU.
Saint Mathieu, de VALENTIN, par ROUSSELET.
Saint Marc, — par ROUSSELET.
Saint Luc, — par ROUSSELET.
Saint Jean, — par ROUSSELET.
Sainte Catherine, d'ALEXANDRE VÉRONÈSE, par SCOTIN.

ORNEMENTS DE PEINTURE ET DE SCULPTURE QUI SONT DANS LA GALERIE D'APOLLON AU LOUVRE ET AUX TUILERIES.

Frontispice, par SCOTIN.
Grand trumeau de la galerie d'Apollon, par BERAIN.
Petits trumeaux, par BERAIN.
Plafonds de ladite galerie, par BERAIN.
Portes dans le grand appartement des Tuileries, par CHAUVEAU.
Dessus de portes dudit appartement, par CHAUVEAU.
Lambris dudit appartement, par LE MOINE.

CARTON N° 8.

MÉDAILLONS ANTIQUES DU CABINET DU ROI.

Quarante et une planches gravées par LA BOISSIÈRE.
Des médaillons dont la suite commence à Auguste et finit aux enfants de Constantin.

TERMES, BUSTES, SPHINX ET VASES DU ROI.

Jupiter et Junon, gravés d'après LOUIS LERAMBERT, par LE PAUTRE.
Apollon et Daphné.
Mercure et Minerve.
Vénus et Adonis.
Diane et Endymion.
Bacchus et Ariadne.
Comus et Pan.
Hercule et Omphale.
Persée et Andromède.

BUSTES ANTIQUES GRAVÉS PAR MELLAN.

Une impératrice.
Un sénateur romain.
Une dame romaine.

BUSTES ANTIQUES GRAVÉS PAR BAUDET.

Le dieu Mars.
Minerve.
Cérès.
Un Faune.
Alexandre le Grand.
Aristote.
Socrate.
Isocrate.
Dame grecque.

Un Consul romain.
Jeune Cléopâtre.
Autre jeune Cléopâtre, femme de Juba.
Marcella, femme d'Agrippa.
Livia, femme de Drusus, fils de Tibère.
Lucius César, fils d'Agrippa et de Julie.
L'empereur Trajan.
L'empereur Hadrien.
Dame romaine, du temps d'Hadrien.
Annius Vérus, fils de Marc-Aurèle.
L'empereur Septime Sévère.
Autre buste de l'empereur Septime Sévère.
Julia Domna, femme de l'empereur Septime Sévère.
Le jeune Geta.
Geta, frère de Caracalla.
Clodius Albinus.
Dame romaine, du temps d'Alexandre Sévère.
Julia Soemias, mère d'Héliogabale.
Buste antique de bronze.
Autre buste antique de marbre gravé en 1678.
— — 1681.
— — 1681.
Deux sphinx gravés par LE PAUTRE.
Six vases de bronzes, par LE PAUTRE.

PUBLICATIONS DE L'UNION CENTRALE.

Bulletin, revue mensuelle des beaux-arts appliqués à l'industrie (4 années).

Histoire de l'Union centrale, son origine, son présent, son avenir, par EUGÈNE VÉRON.

Le beau dans l'utile. Histoire sommaire de l'Union centrale des beaux-arts appliqués à l'industrie, suivie des rapports du jury de l'exposition de 1865.

Catalogues de l'industrie des écoles et du musée rétrospectif des expositions de 1863, 1865, 1869, 1874 et 1876.

Photographies des expositions rétrospectives de :

1865 (mobilier ancien);
1869 (mobilier oriental);
1874 (histoire du costume);
1876 (histoire de la tapisserie).

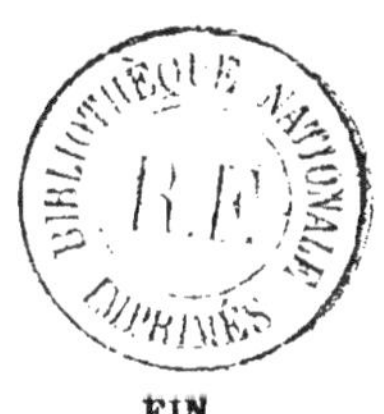

FIN.

Guéranger (Dom), abbé de Solesmes. *Sainte Cécile et la Société romaine* aux deux premiers siècles. Ouvrage contenant 250 gravures sur bois, 6 planches en taille-douce et 2 chromolithographies. Broché................. 30 fr.
Relié dos chagrin, plat toile, tr. dorée........ 40 fr.
Relié dos et coins chagrin, plat papier, entête doré, les autres tr. ébarbées......................... 40 fr.

Lacroix (P.) (bibliophile Jacob), conservateur de la bibliothèque de l'Arsenal. *Les Arts au moyen âge et à l'époque de la renaissance.* Ouvrage illustré de 19 planches chromolithographiques exécutées par F. Kellerhoven, et 420 gravures sur bois. 1 vol. in-4°. Broché............. 30 fr.
Relié dos chagrin, plat toile, tr. dorée........ 40 fr.
Relié dos et coins chagrin, plat papier, entête doré, les autres tr. ébarbées......................... 40 fr.

Titres des chapitres : *Ameublement. Tapisseries. Céramique. Armurerie. Sellerie. Orfévrerie. Horlogerie. Instruments de musique. Cartes à jouer. Peinture sur verre. Peinture murale. Peinture sur bois, sur toile, etc. Gravure. Sculpture. Architecture. Parchemin, papier. Manuscrits. Peinture des manuscrits. Reliure. Imprimerie.*

— *Mœurs, usages et costumes au moyen âge et à l'époque de la renaissance.* Ouvrage illustré de 15 planches chromolithographiques exécutées par F. Kellerhoven et de 440 gravures sur bois. 1 vol. in-4°. Broché............. 30 fr.
Relié dos chagrin, plat toile, tr. dorée........ 40 fr.
Relié dos et coins chagrin, plat papier, entête doré, les autres tr. ébarbées......................... 40 fr.

Titres des chapitres : *Droit féodal, privilèges des communes. Vie privée dans les cours, les châteaux, etc. Nourriture et cuisine. Chasse. Divertissements. Corporations de métiers. Commerce. Finances. Impôts. Justices. Juifs. Bohémiens, gueux, mendiants. Cérémonial. Costumes.*

— *Vie militaire et religieuse au moyen âge et à l'époque de la renaissance.* Ouvrage illustré de 14 planches chromolithographiques, exécutées par F. Kellerhoven, Regamey et Allard, et de 409 gravures sur bois. 1 volume in-4°. Broché................................. 30 fr.
Relié dos chagrin, plat toile, tr. dorée........ 40 fr.
Relié dos et coins chagrin, plat papier, en-tête doré, les autres tr. ébarbées......................... 40 fr.

Titres des chapitres : I. *Féodalité au point de vue militaire et religieux. Guerres et armées. Marine. Croisade. Chevalerie. Duels et tournois. Ordres militaires.* II. *Liturgie. Les Papes. Clergé séculier. Ordres religieux. Institutions charitables. Pèlerinages. Hérésies. Inquisition. Funérailles et sépultures.*

Lacroix (P.) (bibliophile Jacob), *Sciences et Lettres au moyen âge et à l'époque de la renaissance.* Ouvrage illustré de 13 planches chromolithographiques, exécutées par Compère, Daumont, Pralon et Werner, et de 400 gravures sur bois. 1 vol. in-4°. Broché.......................... 30 fr.
Relié dos chagrin, plat toile, tr. dorée........ 40 fr.
Relié dos et coins chagrin, plat papier, en-tête doré, les autres tr. ébarbées.......................... 40 fr.

Titres des chapitres : *Universités, collèges, écoles. Sciences philosophiques. Sciences naturelles. Sciences mathématiques. Sciences géographiques. Science héraldique. Chimie et alchimie. Médecine et chirurgie. Pharmacie. Sciences occultes. Erreurs populaires, superstitions. Archives, bibliothèques, académies. Langues. Patois. Proverbes. Poésie nationale. Chants populaires. Romans. Histoires, chroniques, mémoires, journaux. Éloquence. Théâtre.*

— *Dix-huitième siècle.* Institutions usages et costumes. Ouvrage illustré, sous la direction de M. Racinet, de 21 chromolithographies, et de 350 gravures sur bois d'après Watteau, Vanloo, Boucher, Lancret, Chardin, Jeaurat, Bouchardon, Eisen, Saint-Aubin, Moreau, Cochin, etc. 1 vol. in-4°. Broché................................ 30 fr.
Relié dos chagrin, tranche dorée............. 40 fr.
Relié dos et coins chagrin, plat papier, entête doré, les autres tr. ébarbées......................... 40 fr.

Division de l'ouvrage : *Le Roi et la Cour. La Noblesse. La Bourgeoisie. Le Peuple. L'armée et la Marine. Le Clergé. Les Parlements. La Finance. Le Commerce. L'Éducation. La Bienfaisance. La Police et la Justice. Aspect de Paris. Fêtes et plaisirs de Paris. La Cuisine et la Table. Les Théâtres. Les Salons. Les Voyages. Le Costumes et les Modes.*

— *Dix-huitième siècle.* Lettres, sciences et arts (France 1700-1789). Ouvrage illustré de 16 chromolithographies, et de 250 gravures sur bois, d'après Watteau, Vanloo, Largillière, Boucher, Lancret, Greuze, Chardin, Desportes, Ourdry, Vernet, la Tour, Les Saint-Aubin, Gravelot, Cochin, Eisen, Moreau, Marillier, Debucourt, etc. 1 vol. in-4° de 600 pages. Broché......................... 30 fr.
Relié dos chagrin, tr. dorée................ 40 fr.
Relié dos et coins chagrin, plat papier, entête doré, les autres tr. ébarbées....................... 40 fr.

Division de l'ouvrage : *Les Sciences. Inventions et découvertes La Philosophie. La Littérature. L'Art dramatique. La Critique littéraire et les Journaux. L'Érudition. Les Académies. L'Imprimerie et la Librairie. La Peinture. La Sculpture. L'Architecture. La Gravure. La Musique. L'Ameublement. La Céramique. L'Orfévrerie et la Joaillerie. Les Étoffes et les Tissus.*

Mantz (Paul). *Les Chefs-d'œuvre de la Peinture italienne.* Ou-

vrage contenant 20 planches chromolithographiques exécutées par **F. Kellerhoven,** 30 planches gravées sur bois et 40 culs-de-lampe et lettres ornées. 1 vol. petit in-folio, cartonné en percaline, non rogné............ 100 fr.
Relié dos en chagrin, tr. dorée............. 120 fr.

Maynard (U.), chanoine de Poitiers. *La Sainte Vierge.* Ouvrage illustré de 14 chromolithographies et de 200 gravures. Ire partie : préparation de la sainte Vierge; IIe partie : vie de la sainte Vierge; IIIe partie : culte de la sainte vierge. 1 vol. in-4°. Broché.................... 30 fr.
Relié dos chagrin, tranche dorée............. 40 fr.
Relié dos et coins chagrin, plat papier, entête doré, les autres tranches ébarbées.................. 40 fr.

Nouveau Testament de N.-S. Jésus-Christ, *traduction française avec notes*, par M. l'abbé J.-B. Glaire, ancien doyen de la faculté de théologie de Paris; *seule approuvée par le Saint-Siège.* 1 vol. grand in-4°, illustré d'après les tableaux des grands maîtres. Broché........... 50 fr.
Relié dos chagrin, tranche dorée.............. 60 fr.
Relié plein chagrin........................ 80 fr.

L'ornementation du livre a été empruntée, comme ses gravures principales, à l'école italienne de la Renaissance.
Chacune des pages est décorée de bordures, d'ornements, de lettres initiales habilement copiées sur les plus beaux manuscrits italiens du XVe et du XVIe siècle. De nombreux médaillons, tirés des cartons de Raphael, ont de plus été introduits dans les bordures marginales.

Paris à travers les âges, aspects successifs des principales vues et perspectives historiques de Paris depuis le treizième siècle jusqu'à nos jours, restitués d'après les documents authentiques par *M. Hoffbauer*, architecte, avec un texte explicatif par MM. Édouard Fournier, Jules Cousin, Bonnardot, abbé Dufour, P. Lacroix, etc. Petit in-folio à 2 colonnes, orné de nombreuses gravures, plans et cartes, et de 50 à 60 grandes vues en couleurs. 10 à 12 livraisons.
Prix de la livraison séparément.............. 30 fr.
Pour les souscripteurs à l'ouvrage complet..... 25 fr.
6 livraisons sont en vente.

Palliser (Mme Bury). *Histoire de la dentelle*, traduction de Mme de Clermont-Tonnerre. 1 vol. grand in-8° contenant 19 planches sur fond de couleur et 150 gravures noires.
Relié dos chagrin, tranche dorée............. 14 fr.

Rambosson (J.). *Harmonies du son et Histoire des instruments de musique.* 1 vol. grand in-8° raisin, illustré de 180 gravures et de 5 chromolithographies. Broché. 10 fr.

Cartonné percaline, ornements dorés...... 12 fr. 50
Relié dos chagrin, tranche dorée............. 14 fr.

Rambosson (J.). *Histoire des astres*, astronomie pour tous. 2e édition, 1 vol. grand in-8° raisin, illustré de 60 gravures et de 13 chromolithographies. Broché........... 10 fr.
Cartonné percaline, ornements dorés....... 12 fr. 50
Relié dos chagrin, tranche dorée............. 14 fr.

— *Histoire et légendes des Plantes utiles et curieuses.* 1 vol. grand in-8° raisin illustré de 120 gravures. Broché. 6 fr.
Cartonné percaline, tranche dorée............. 8 fr.
Relié dos en chagrin, tranche dorée.......... 10 fr.

— *Histoire des Météores et des grands phénomènes de la nature* (3e édition). 1 vol. grand in-8° raisin, 90 gravures et 2 planches chromolithographiques. Cartonné percaline, ornements dorés.............................. 8 fr. 50
Relié dos chagrin, plat toile, tranche dorée.... 10 fr.

— *Les Pierres précieuses et les principaux ornements.* 1 vol. grand in-8° raisin, 43 gravures et 1 planche chromolithographique. Broché............................ 6 fr.
Cartonné percaline, tranche dorée.......... 8 fr. 50
Relié dos en chagrin, tranche dorée.......... 10 fr.

Salmon (l'abbé). *La Sainte Bible, Ancien et Nouveau Testament* (récit et commentaire). 1 vol. in-8° illustré de 240 gravures. Broché............................ 20 fr.
Relié plein chagrin......................... 30 fr.

Veuillot (Louis). *Jésus-Christ* attendu, vivant, continué dans le monde; avec une Étude sur l'art chrétien, par E. Cartier. Ouvrage illustré de 16 chromolithographies et de 200 gravures d'après les monuments de l'art depuis les Catacombes jusqu'à nos jours. 1 vol. in-4°. Broché. 30 fr.
Relié dos chagrin, plat toile, tranche dorée.... 40 fr.
Relié dos et coins chagrin, plat papier, entête doré, les autres tranches ébarbées................... 40 fr.

Wallon (H.), secrétaire perpétuel de l'Académie des Inscriptions et Belles-Lettres. *Jeanne d'Arc.* 1 vol. in-4°, illustré de 14 chromos et de 200 gravures, d'après les Monuments de l'Art. Broché (*deuxième édition*)........ 30 fr.
Relié dos chagrin, plat toile, tranche dorée.... 40 fr.
Relié dos et coins chagrin, plat papier, entête doré, les autres tranches ébarbées................... 40 fr.

Typographie Firmin-Didot. — Mesnil (Eure).

www.ingramcontent.com/pod-product-compliance
Ingram Content Group UK Ltd.
Pitfield, Milton Keynes, MK11 3LW, UK
UKHW031047260726
13965UKWH00006B/697

9 782013 096836